THREAD

만드는 사람

CEO 이연대
특징
메타세쿼이아 나무지만
출근 시엔 씨앗으로 몸을 숨김

CCO 신아람
특징
위급할 때 직각표기에서 빛이 남

Senior Editor 이현구
특징
집과 헬스장과 회사를 잇는
땅굴 보유 중

Editor 이다혜
특징
어머 라고 외치면
반경 1km까지 들림

Editor 김혜림
특징
고민할 때 수염을 쓰다듬지만
수염이 없음

Editor 정원진
특징
수년 전 귀로 날 수 있는 방법을
터득했지만 비밀을 숨기고 있다

Lead Designer 김지연
특징
백화점 화장실을 좋아함
_ 표지 디자인 및 만화

Designer 권순문
특징
술을 마시면 끝까지 가는 타입
(주량: 와인 한 잔) _내지 디자인

Operating Mgr 김민형
특징
셀프사진관에서 자주 출몰함

Community Mgr 홍성주
특징
가시로 오해 받지만 사실은 털

Community Mgr 강경민
특징
두려운 상황에서 쓱 숨어버림
나설 땐 앞장서서 나섬

Intern 이주연
특징
절벽 위보다 빌딩 옥상을 좋아한다

《스레드》는 북저널리즘 팀이
만드는 종이 뉴스 잡지입니다.
이달에 꼭 알아야 할 비즈니스,
라이프스타일, 글로벌 이슈의
맥락을 해설합니다.

스레드에 수록된 글과 그림을
이용하려면 반드시 저작권자와
㈜스리체어스의 동의를 받아야
합니다.

THREAD ISSUE 9. MAP

발행일 2023년 2월 1일
등록번호 서울중, 라00778
발행처 ㈜스리체어스
주소 서울시 중구 한강대로 416 13층
홈페이지 www.bookjournalism.com
전화 02 396 6266
이메일 thread@bookjournalism.com

THREAD

목차

겨울의 끝자락, 2월입니다. 《스레드》를 찾아주신 여러분 환영합니다. 이번 호에는 어떤 이야기들이 우리를 기다리고 있을까요?

 ↳ 전 여행지에 가기 전에 지도를 보며 코스를 꼭 짜놓아요. 지도가 필요 없을 정도로 공부하면서요. 그러다 흥미가 떨어져서 안가기도 해요. 이번 커버는 우리가 갈 곳이 지도인지 미래인지 호기심이 동하게 그려보고 싶었어요.

어린 시절, 사회과 부도를 펼쳐 놓고 이곳저곳을 탐험하는 꿈을 꾸곤 했답니다. 온 세상이 한 장의 지도 안에 담겨있다는 사실이 너무 신기했죠. 지도는 역사를 만들어 왔습니다. 지도는 정보인 동시에 권력이기도 했죠. 한 국가의 흥망성쇠가 지도 한 장에 달리곤 했습니다. 21세기에는 어떨까요? 지금, 지도는 우리를 혁신의 세계로 인도하고 있습니다. 지금 여러분의 손에는 어떤 지도가 쥐어져 있나요?

 ↳ 저는 지도 앱 없이는 길을 못 찾는답니다 ㅠㅠ
 ↳ 여기도 저기도 빠지지 않는 구글! 지도의 미래까지 꽉 쥐고 있네요?

'포캐스트' 챕터에선 쇼트폼 일곱 편을 만날 수 있어요. 바쁜 독자들을 위해 이달에 꼭 알아야 할 이슈만 선별했어요. 단순한 사실 전달을 넘어 새로운 관점과 해석을 제시합니다. 쇼트폼엔 어떤 주제가 실렸을까요? 순서대로 소개해 드릴게요.

제국의 부활 _ 22p

일본이 세계 3위 군사 대국이라면 믿으시겠어요? 지난 2022년 12월 16일, 기시다 후미오 일본 내각은 각의라고 불리는 국무회의에서 안보 관련 3대 문건을 수정했는데요, 핵심은 일본의 '반격 능력'을 명시했다는 점입니다. 전범국이라 최소한의 방위만 가능했던 일본이 '전쟁 가능 국가'가 되었다는 보도가 잇따랐는데요, 일본은 정말 제국의 부활을 꿈꾸고 있을까요? 일본의 정치·경제적 상황을 함께 짚어봅니다.

    ↳ 제국의 부활이라니! 요즘 국제 정세, 심상치 않아요

    ↳ 정치적으로도, 경제적으로도 일본이 흔들리고 있어요.

뉴 아프리카 _34p

전에 알던 아프리카가 아닙니다. 전기차 산업의 키를 쥐고 있는 자원과 젊은 인구를 등에 업은 아프리카가 새로운 시장으로 주목받고 있어요. 중국은 이미 오래 전부터 아프리카와의 관계를 다지고 있었고, 미국은 트럼프 정부에서 끊겼던 관계를 이어 나가기 위해 노력하고 있습니다. 2022년 말, 8년 만에 워싱턴에서 미국-아프리카 정상회의를 열면서요. '뉴 아프리카' 앞에서 우리가 생각해봐야 할 것은 무엇일까요?

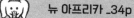
    ↳ 같은 아프리카를 바라보는 미국과 중국의 입장 차이가 재미있었어요.

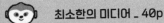 ㄴ> 자원과 인력이 힘의 방향과 질서도 바꿔 놓는 걸까요?

최소한의 미디어 _ 40p

전기차 업체들이 자사의 전기차에서 AM 라디오를 없애고 있습니다.
그럼 이제 차에서 라디오를 못 듣게 되냐구요? 안심하세요. 우리가
주로 듣는 것은 FM 라디오니까요. AM 라디오는 FM보다 먼저 등장한
미디어인데요, 이제는 방송국도 많이 남아있지 않습니다. 그럼 시대
변화에 맞춰 사라지는 게 당연한 것 아니냐고요? 그렇지 않습니다.
AM 라디오는 그야말로 '최소한의 미디어'라고 할 수 있는데요, AM
라디오의 역할과 퇴출의 진짜 원인을 알아봅니다.

> ㄴ> 미래는 전기차로 가득할 텐데, 정말 AM 라디오는 사라지는
> 걸까요?
> ㄴ> AM 라디오가 꼭 필요한 때가 있다면 소멸에 대한 대안도
> 필요할 것 같아요!

이미 도착한 검색의 미래 _ 48p

여러분은 검색을 좋아하시나요? 저는 링크를 타고 수많은 웹 사이트에
접속하는 걸 즐기는데요. 최근 출시된 한 AI가 이 재미있는 경험을
대체하고 있다고 해요. 바로 오픈AI가 만든 '챗GPT'입니다. 굳이 가장
좋은 검색어를 찾지 않아도 챗GPT가 화려한 언변술로 답변해 줍니다.
하지만 간편함만 있는 건 아니에요. 잘못된 정보가 잘못된 정보처럼
보이지 않기도, 또 검색 자체가 가진 시행착오의 과정을 축소하기도
합니다. 챗GPT가 검색의 미래라면, 우리는 무엇을 생각해야 할까요?

🏆 ↳ 요즘 정말 핫한 인공지능이죠! 뭘 물어도 다 대답해서 신기했어요.

🧻 ↳ 오픈AI는 챗GPT 유료화 계획을 발표하기도 했어요.

연봉 협상의 뉴 노멀 _ 56p

함께 일하는 동료의 연봉을 알게 된다면?! 지난 11월부터 미국 뉴욕시에서 급여공개법이 시행되고 있습니다. 이에 따라 국내에서도 동료의 급여를 공개하라는 목소리가 커지고 있는데요. 한편으로 팀 내 불필요한 갈등을 조장할 것 같다, 다른 사람 연봉을 듣고 괜히 우울해질 것 같다는 의견도 나옵니다. 정보와 소통의 투명성을 요구하는 시대에 연봉 협상은 어떤 방식으로 달라질까요?

🐵 ↳ 임금 격차에 대한 해결책으로 시작했다고 해요.

🐐 ↳ 사내 갈등, 임금 인플레이션까지 생각해야 할 지점이 많을 것 같아요.

대안 실험의 조건 _ 64p

동물 실험은 오래전부터 논란에 휩싸여 온 문제죠. 비윤리성에 대한 지적을 넘어, 각종 과학 기술이 대안으로 등장하고 있습니다. 세포를 배양해 인조 표피를 만들고, 머신 러닝을 통해 시뮬레이션으로 인체를 구현하는 것인데요. 한편 우리나라 국민의 무려 78퍼센트가 동물 실험이 필요하다고 생각한다는 설문 조사 결과가 나왔습니다. 동물 실험을 거치지 않고 다른 방식으로 실험한 약물과 치료법을, 우리 사회는 신뢰할 수 있을까요?

🐱 ↳ 최근에는 컴퓨터 시뮬레이션으로 가상 신체를 구현하기도 해요!

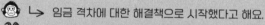

↳ 동물 실험의 정확도도 궁금한데요?

국립 공원은 유일한 정답일까? _ 72p
자연을 거닐며 푸른 숲을 보고, 뛰노는 오랑우탄을 바라보는
상상을 잠시 해봤어요. 상상만으로도 행복해져요. 현실에도
이런 공간이 있답니다. 바로 국립 공원이죠. 우리나라에는
22개, 미국에는 무려 400여 개의 국립 공원이 있다고 해요.
자연을 보호하고, 멸종 위기종을 지키기 위한 공간이죠. 그런데
국립 공원의 주 기능 중에는 관광도 있다는 걸 아시나요? 국립
공원을 사고하는 구조가 바뀌지 않는다면, 여전히 코끼리들이
고통 받을 것 같아요. 유일한 정답이 돼 버린 국립 공원을
우리는 어떻게 사유해야 할까요?

 ↳ 국립 공원이 많아지는 게 능사는 아니에요.

이어지는 '톡스' 코너에서는 사물을 다르게 보고, 다르게
생각하고, 세상에 없던 것을 만들어 내는 사람들의 이야기를
담아요. 《스레드》 9호에서는 '스티비'의 임호열 대표를 만나
봤어요.

 ### 나 자신을 플랫폼으로 _ 81p
요즘 뉴스레터 하나 구독하지 않는 사람이 있을까요? 누군가는
정보를 얻으려, 또 누군가는 시간을 보내려 뉴스레터를 받고
있어요. 가끔은 정말 신기한 뉴스레터들도 눈에 띄죠. 저는

이따금씩 뉴스레터가 가진 확장성이나 연결성이 궁금했답니다. 열린 듯 닫혀 있고, 닫힌 듯 뚫려있는 곳이 뉴스레터니까요! 뉴스레터 솔루션인 스티비의 임호열 대표를 만나 한 시간 동안 뉴스레터에 대한 이야기를 나눴어요. 나 스스로도 가치 있는 플랫폼으로 만드는 뉴스레터, 인터뷰를 읽고 나면 "나도 한 번 보내 볼까?" 생각할 지도 몰라요.

└→ 생각보다 뉴스레터가 아직 하지 않은 것들이 너무 많더라고요!
└→ 재미있는 뉴스레터 추천이 많아서 다 구독해 버렸지 뭐에요~

단편 소설 분량의 지식 콘텐츠 '롱리드' 코너도 있어요. 깊이 있는 정보 습득이 가능하고, 내러티브가 풍성해 읽는 재미가 있어요.

달콤한 환상, 제로칼로리 _ 93p
다이어트 중에 햄버거 세트를 시키면서 제로 콜라를 골랐던 경험…
없으신가요? 저는 있습니다. 햄버거와 감자튀김을 먹기는 해도 콜라는 제로칼로리니까 괜찮을 것이라고 생각하면서요. 그런데 최근 WHO에서 새로운 연구 결과를 발표했어요. 사실은 제로칼로리 음료가 체중 감량에 전혀 도움이 되지 않으며, 오히려 건강에 악영향을 끼칠 수도 있다고요. 이게 정말이라면 앞으로 제로 콜라를 마실 때마저도 안심할 수 없게 될 것 같은데요. 제로칼로리 음료의 진실, 비 윌슨의 글을 통해 확인해 볼까요?

└→ 너무 배신감 드는데요?
└→ 죄책감 없는 달콤함은 더욱 달콤한 법이죠.

《스레드》9호에서는 지금까지 소개해 드린 열 가지 이야기를
담았어요. 그럼 이제부터 《스레드》를 시작해 볼까요?

이달의 이야기에선 한 가지 주제를 깊이 다뤄요.
단순한 사실 전달을 넘어 새로운 관점과 해석을 제시해요.
함께 읽고 생각을 나눠요.

역사 속에서 지도는 일종의 권력이었습니다. 독점적인 지리 정보를 담은 지도는 한 국가의 흥망성쇠를 가르기도 했죠. 21세기라고 크게 달라진 것은 아닙니다. 더 세밀한 지도를 가진 쪽이 기술 혁신에서 승리할 것이기 때문입니다. 여러분은 지금 어떤 지도를 손에 들고 있나요? 여러분이 탐험할 방향은 정해졌나요? __ 신아람 에디터

안녕하세요. 북저널리즘 신아람 CCO입니다.

얼마 전 장강명 작가의 새로운 중편, 〈저희도 운전 잘합니다〉를 읽었습니다. 기자 출신의 성실한 작가답게 장강명의 소설은 언제나 손에 잡힐 듯, 생생합니다. 이번 소설은 SF라 하기에는 약간 애매한, 근미래의 제주도를 배경으로 한 추리 소설이었습니다. 《재수사》의 주인공이었던 연지혜 형사가 주인공입니다.

이야기의 중심에는 자율 주행 자동차가 있습니다. 우리에게 곧 닥칠 미래를 상상할 때 빼놓을 수 없는 기술이죠. 정말 완전 자율 주행 자동차가 상용화된다면, 이동의 개념이 완전히 뒤집히게 될지도 모릅니다. 소설이 묘사하는 것처럼, "불필요한 가속도, 제동도 하지 않으면서 이동에 필요한 최소한의 에너지만 쓰는 차들"로 가득한 도로, 상상되시나요? 사람뿐만이 아닙니다. 사물의 이동, 즉 물류의 패러다임도 전복되겠죠. 어쩌면 우리가 가장 빠르게 맞닥트릴 미래는 자율 주행에 있을지도 모르겠습니다.

지도의 첨단

닥쳐올 미래에 대한 기대감은 지난달 라스베이거스에서 열린 CES 2023에서도 확인되었습니다. CES는 우리의 일상이 수년 내로 어떻게 바뀔 것인지를 예측해 볼 수 있다는 점에서 전 세계의 주목을 받는 세계 최대 가전·IT 박람회입니다. 그 어느 때보다 완성차 업계가 돋보였던 올해 CES에서, BMW는 인간의 표정처럼 감정을 표현할 수 있는 콘셉트 세단 '디(Dee)'를 선보였고, 푸조는 한 번의 충전으로 최대 800킬로미터를 달릴 수 있는 전기 콘셉트카 '인셉션'을 내놓았죠.

화제성으로 단연 최고였던 것은 소니였습니다. 혼다와 손잡고 만든 전기 콘셉트카 '아필라'를 선보였습니다. 소니에게 미래의 자동차는 이동 수단이 아닙니다. 엔터테인먼트, 가상현실(VR), 증강현실(AR) 등을 즐길 수 있는 "엔터테인먼트 플랫폼"입니다.

하지만 자율 주행이라는 미래에 가장 구체적으로 접근했던 것은 볼보가 아니었나 싶습니다. 단단한 이미지에 걸맞게, 볼보가 준비해 온 미래의 모범 답안은 바로 자율 주행을 위해 반드시 필요한 고정밀 지도, 'HD맵'이었습니다. 일반적으로 사용되는 SD맵의 오차범위는 미터(m) 단위입니다. 하지만 자율 주행 자동차엔 그보다 더 정밀한 정보가 필요하겠죠. HD맵의 경우 오차 범위는 10~20 센티미터 수준이고 지형의 높낮이, 교차로의 곡률 정보까지 담고 있습니다. 신호등과 표지판 등의 정보도 물론 포함됩니다. 아, 볼보가 혼자서 HD맵을 만들고 있는 것은 아닙니다. 조선 시대에 김정호가 있었다면, 21세기엔 구글이 있죠. 구글은 지도로 미래를 그리고 있습니다.

물론 구글의 이러한 도전에는 이유가 있습니다. 돈이 되기 때문입니다. 우버가 2019년 기업 공개(IPO) 당시 밝힌 데이터에 의하면, 2017년부터 2019년까지 3년간 구글 지도 API에 지불한 비용은 5천 800만 달러에 달했습니다. 우리 돈으로 약 720억 원입니다. 그리고 구글은 2018년 지도 API 이용 요금을 무려 1400퍼센트 인상했습니다. 지도를 독점하고 있는 기업이기 때문에 가능한 얘깁니다. 지금 구글 지도만큼 방대한 지도 데이터도 없고, 일반 기업이 직접 지도 데이터를 최신 상태로 업데이트하며 유지하기란 거의 불가능합니다.

모두의 지도

HD맵이 대세가 될 자율 주행 자동차의 시대가 온다면 지도의 힘은 더욱 강해질 것입니다. 그때엔 구글이 지도에 대체 얼마의 가격을 매기게 될까요? 어쩌면 우리의 상상을 훨씬 뛰어넘게 될지도

모르겠습니다. 구글이라는 단일 기업이 누리게 될 권력 또한 감당할
수 없을 만큼 커질 수도 있겠죠. 그래서일까요, 전 세계 지도 데이터
API를 둘러싸고 반(反)구글 연합이 형성되었습니다. '리눅스 재단'을
중심으로 마이크로소프트, 아마존, 메타 등이 참여하는 오픈소스 지도
데이터 프로젝트 '오버추어맵'이 그것입니다.

　　'리눅스'의 등장은 초라했습니다. 소스 코드를 누구나 볼 수
있도록 공개한 운영 체제라니, 게다가 누구라도 수정에 참여할 수 있는
운영 체제라니 자본주의의 원리상 성공할 리 만무하다고들 생각했죠.
그런데 결과는 정반대입니다. 리눅스는 서버 시장에서 압도적인
점유율을 자랑하는 운영 체제입니다. 전 세계 스마트폰 시장에서
70퍼센트가 넘는 점유율을 차지하고 있는 안드로이드 운영 체제도
리눅스 기반이죠.

　　이런 성공은 누구나 '기여'할 수 있는 개방성에 기인한
것입니다. 모두가 연결되는 초연결 시대, 오픈소스는 무한의 발전,
무한의 확장 가능성을 의미합니다. 그리고 그 변화는 폭발적으로
일어나죠. 디테일을 보탤수록 가치가 증가하는 지도에 있어 오픈소스
지도 데이터 프로젝트가 하나의 커다란 변곡점이 될 것이란 희망
섞인 예측이 따라붙는 이유입니다. 우리의 미래를 바꿀 새로운
지도는 구글이 만들게 될지, 아니면 반(反)구글 연합이 만들게 될지
흥미진진한 경쟁이 이루어질 것 같습니다.

지도의 시대

21세기, 혁신의 단초가 되고 있는 지도의 전성기를 역사 속에서 찾자면
아마도 정복자의 시대를 꼽을 수 있을 겁니다. '탐험'과 '개척'이라는
멋들어진 구호로 포장되었던, 제국주의 시대 얘깁니다. 영국은 인도

식민 통치를 통해 면화로 세계를 제패했습니다. 비결은 삼각 측량법을 이용해 인도 구석구석을 세밀하게 담아낸 지도에 있었죠. 수탈을 위한 지도였습니다. 일본은 메이지 유신 이후 한반도에 스파이를 잠입시켜 주요 길목과 해안선을 위주로 지도를 제작했습니다. 침략을 위한 지도였습니다. 정확한 지도를 가진 국가가 더 넓은 땅을 차지하는, 그런 야만의 시대였습니다.

러일전쟁(1904~1905) 당시 일본이 제작한
골계구아외교지도(滑稽歐亞外交地圖) ⓒ사진: 국립해양박물관

일본의 제국주의는 정밀한 지도의 도움으로 완성되었습니다. 직접적인 피해자였던 우리 입장에서는 떠올리고 싶지 않은, 악몽 같은 역사죠. 패전 후 전쟁할 수 없는 나라로 존재해 온 일본, 그런데 일본이 동아시아의 지도를 다시 그리려 하고 있습니다. 당장 다수의 지도에 동해(East Sea)가 일본해(Japan Sea)로 표기되어 있습니다. 부활하고 있는 일본의 야심은 무엇을 준비하고 있는지, 이현구 에디터의 포캐스트 〈제국의 부활〉을 통해 살펴보실 수 있습니다.

지도로 위세를 떨쳤던 제국주의는 지도 위에도 그 흔적을 남겼죠. 종횡으로 반듯하게 그어진 아프리카 대륙 위의 국경선이 그 대표적인 예입니다. 산맥과 강, 선주민들의 거주 지역을 완전히 무시한 채 열강의 이해관계에 따라 그려진 이 국경선들은, 20세기 아프리카 대륙의 수많은 비극을 낳았습니다. 얄궂게도, 열강 사이의 알력 다툼은 21세기 아프리카 대륙에 새로운 기회가 되고 있습니다. 정원진 에디터가 포캐스트 〈뉴 아프리카〉에서 식민 지배와 수탈을 딛고 새로운 시대를 그리기 시작한 아프리카의 사정을 짚습니다.

지도는 우리를 미래로 안내하기도 하고 침탈의 길로 이끌기도 합니다. 지도는 정보이자 권력이고, 과학이며 예술입니다. 잘 만들어진 지도를 손에 쥐었다면 어디로 향할지, 그 방향을 정하는 것은 우리의 몫이겠죠. 이번 달《스레드》는 세계 각지에서 일어나고 있는 현재의 논쟁과 미래의 기술을 담았습니다. 내일을 전망할, 좋은 지도가 되었으면 좋겠습니다. 그리고 독자 여러분이 어떤 방향으로 향하게 되실지도 궁금합니다. ☻

포캐스트에선 현재를 통찰하고 미래를 전망해요.
이달에 알아야 할 비즈니스, 라이프스타일, 글로벌 이슈 일곱 개를 골랐어요.
3분이면 이슈의 맥락을 알 수 있어요.

포캐스트

일본이 70여 년 만에 '반격 능력'을 천명했다. 금리 역시 인상하며
오랫동안 이어온 '아베노믹스'도 철폐한다. 안보와 경제의 굵직한 기조
변화는 제국의 부활을 알릴 것인가. __ 이현구 에디터

일본이 안보 전략을 수정했다. 기시다 후미오 일본 정부 내각은 2022년 12월 16일 오후 각의(국무회의)에서 3대 안보 문서 개정안을 승인했다. 핵심은 '반격 능력' 보유다. 이제껏 최소한의 방어가 원칙이었지만 일본 혹은 동맹이 공격을 받거나 국가가 '존립 위기 상태'일 때 적 본토의 기지를 공격할 수 있게 됐다. 한반도에 미치는 영향은 어떨까? 일본 《니혼게이자이신문》에 따르면 지난 2022년 12월 2일 자민당의 연립여당인 공명당의 하마치 마사카즈(浜地雅一) 중의원 의원은 '존립 위기 사태'에 대해 "한반도에 전쟁 위협이 있을 때 일본해(동해)에 출동한 미군 함정이 북한으로부터 미사일 공격을 당하면 존립 위기 사태"라고 밝혔다. 킬체인과 같은 공조 체계 내의 움직임도, 미국 동의 하의 움직임도 아니다. 독자적 반격 능력이다.

ⓒ사진: zapper

RECIPE 3개의 문서

• 국가안전보장전략(NSS) ; 외교·안보 정책의 방향을 담은 문서다. 2013년 12월 제정 이후 처음으로 개정됐다. '반격 능력'이라는 표현이 적혔다. 반격 능력은 적의 사정권 밖에서 공격할 수 있는 '스탠드오프'

방위 기능으로 규정한다. 이외에 주변국들에 대한 안보 인식도 적혀
있다.

• 국가방위전략(NDS) ; 방위의 목표를 설정하고 이를 달성하기 위한
수단을 제시하는 문서다. 일본의 반격 능력 확보에 따라 "탄도 미사일
등에 대처할 때처럼 일·미가 협력해 나가기로 했다"고 적었다. 지난
2015년 마지막으로 개정된 미·일 방위협력지침 역시 수정될 예정이다.
이제껏 일본이 방패 역할을, 미국이 창의 역할을 해왔는데, 일본 역시
일부 창의 역할을 하게 되는 것이다.

• 방위력정비계획(DBP) ; 향후 5~10년 동안 주요 무기나 장비에
대한 구체적인 국방 지출과 조달 물량을 제시하는 문서다. 각종
미사일의 사거리가 늘어나고 신형 무기가 추가 도입된다. 2023년부터
2027년까지 43조 엔(412조 원)의 방위비를 확보하기로 했다.
2019~2023년까지의 27조 4700억 엔보다 1.57배(56.5퍼센트)
많다. 2차 대전 이후 최대 규모의 증액이다. 2027년 기준 보통의
NATO(북대서양조약기구) 국가들처럼 방위비를 GDP의 2퍼센트까지
올리는 것이 목표다. 현재의 방위비는 GDP의 1퍼센트다.

BACKGROUND 보통 국가화

전범국 일본의 우익들 사이에서 '보통 국가화'는 오래된 열망이다.
다만 평화헌법 9조가 늘 발목을 잡았다. 1946년 제정된 일본국
헌법(평화헌법)은 1~8조까지 천황(덴노)의 지위를 규정한다. 9조부터
민주주의 국가로서의 법체계에 해당한다. 사실상 헌법 1조나 다름없는
9조는 '전쟁의 포기(戰爭の放棄)'를 규정하고 있다. 정식 군대도 가질

수 없고 교전권도 없다. 이렇게 만들어진 이유는 평화헌법 자체가 미군정과의 교섭을 통해 제정되었기 때문이다. 특히 9조에 관해서는 2차 대전 당시 연합국총사령부(GHQ) 사령관인 더글라스 맥아더의 입김이 있었다고 알려졌는데 이것을 빌미로 일본 우익은 평화헌법이 연합국에 의해 강제로 만들어졌다며 개헌 의지를 피력해 왔다. 물론 9조를 일본이 제안했느냐 미국이 제안했느냐에 따른 논란은 있다.

• 평화헌법 9조 ; ① 일본 국민은 정의와 질서를 기조로 하는 국제 평화를 성실히 희구(希求)하며 국권의 발동인 전쟁과 무력에 의한 위협 또는 무력행사는 국제 분쟁을 해결하는 수단으로서는 영구히 이를 방기(포기)한다. ② 전 항의 목적을 달성하기 위해 육해공군 그 밖의 전력은 보지(保持, 유지)하지 않는다. 국가의 교전권은 인정하지 않는다.

REFERENCE1 집단적 자위권

2014년 7월 1일, 아베 내각은 이른바 '해석 개헌'으로 불리는 안보 법제를 국회에서 통과시킨다. 아베 신조 전 총리는 늘 평화헌법 9조를 늘 고치고 싶었지만 개헌은 참의원 3분의 2가 동의해야만 가능하다. 아베 당시 총리의 꾀는 자위권을 재해석하는 것이었다. 이는 유엔(UN) 헌장 제51조에 배경을 둔다.

• 개별적 자위권 ; 자국이 공격받을 시 방위를 위해 싸울 수 있는 권리다. 전범국이라도 가질 수 있는 아주 기본적인 국제법상 권리다. '전수방위의 원칙'이 이에 해당한다.

 전수방위의 원칙은 공격을 받을 때만, 최소한의 전력으로 싸운단 뜻이야)

• 집단적 자위권 ; Right of 'Collective' Self-Defense. 자국과 '밀접한 관계'에 있는 타국이 공격을 받을 시 단독으로 혹은 UN이나 동맹 등 제3국 군대와 무력을 사용할 수 있는 권리다. 영문에서 볼 수 있듯 UN의 전신 '국제 연맹(League of Nations)'과 같은 '집단 안보'의 성격을 띤다.

REFERENCE2 해석 개헌

'55년 체제'로 불리는 일본 정치의 오랜 대립 구도는 집단적 자위권을 중심으로 나뉜다. 호헌파는 집단적 자위권을 부정하고자 했고 개헌파는 응용하고자 했다. 일본 정부는 아베 내각 이전 기본적으로 두 자위권을 일본이 모두 갖고 있지만 집단적 자위권은 행사하지 않는다는 방침을 고수해 왔다. 여기에 아베 내각이 '자위대법'을 개정하며 국가가 '존립 위기 사태'일 경우 집단적 자위권을 행사할 수 있다는 내용을 통과시킨 것이 해석 개헌이다. 개헌은 아니지만 해석으로 개헌과 같은 효과를 냈기에 붙여진 말이다. 이는 2015년 집단 자위권 법안의 통과로 이어졌다. 2015년 5월 공식 답변으로 채택된 대한 일본 내각관방(内閣官房, Cabinet Secretariat)의 일문일답을 보면 하마치 의원이 말한 존립 위기 사태 및 집단 자위권의 개념, 무력행사를 할 수 있는 '신(新) 3요건'에 대해 보다 자세히 알 수 있다.

> 일본 정치 지형의 큰 틀이지. 호헌파, 개헌파

ANALYSIS 극초음속 사회주의

일본이 안보 전략을 수정한 데에는 다양한 이유가 있다.

• 극초음속 ; 먼저 일본은 국가안보전략에서 2013년 당시 "국제 사회의 우려"라고 기술했던 중국을 "지금까지 없던 최대 전략적 도전"으로 규정했다. '위협'보다는 약한 단어다. 북한은 "중대하고 임박한 위협"으로 간주했다. 러시아는 "안보상의 강한 우려"로 표현했다. 특히 북한과 중국의 지속적 극초음속 미사일 개발 속도가 일본의 요격 능력 향상보다 빠르다는 불안이 있었다.

• 창가 학회 ; 중국이 위협이 아닌 도전으로 표현된 것에는 중국이 중요한 무역 파트너인 점 이외에 일본 정치의 뒷배인 불교 단체 '창가 학회'가 있다. 창가 학회는 자민당의 연정 파트너 공명당을 지원한다. 공명당은 1972년 중·일 국교 정상화에 주도적 역할을 한 이후 중국과 유대 관계가 있어 이들의 입장을 고려한 것으로 보인다.

• 이지스 어쇼어 철회 ; 2020년 6월 일본은 탄도 미사일 방어 능력 강화를 위한 '이지스 어쇼어(Aegis Ashore)'를 배치하려는 계획을 철회한다. 이지스 어쇼어는 2017년 아베 정부 하에서 계획된 장거리 지대공 미사일 방어 시스템이다. 단 12명 만으로 운용이 가능한데 사드(THAAD)보다 넓은 범위를 방어할 수 있다. 다만 요격 미사일 추진체가 민간에 추락할 수 있다는 위험 때문에 철회하게 됐다. 이후 요격 능력이 아닌 타격력 검토가 이뤄졌다.

• 미일 동맹 강화 ; 미국은 방위 협력을 통해 지속적으로 일본이 자위대를 운용할 수 있는 계기를 만들어 줬다. 다만 미일 동맹의 억지력과 신뢰성은 늘 도마 위에 올랐다. 아베 전 총리는 일본이나 미국이 공격을 당할 시 미국과 함께 적 본토를 타격할 수 없다면 동맹 유지가 어려울 것이라는 입장이었다. 일각에서는 미국이 동맹국 안보에

소극적으로 변해 동맹의 실효성이 없다는 주장도 제기됐다. 미국과 일본은 외교·국방장관(2+2) 회담에서 미국과 일본의 역할을 단순한 창과 방패에서 더 끈끈한 공격 파트너로 재구축하고자 한다. 일본이 무장할 수 있는 배후는 사실상 미국이다.

©사진: Daisuke,S

RISK 독도

이번 국가안보전략의 표면적 목표는 주로 북한과 중국을 향하고 있다. 이에 일본의 반격 능력이 한반도에서도 한국을 향하리라는 우려가 기우라 보는 시각이 있다. 실제로 국가안보전략에서 표현한 한국은 개정 전과 같다. "지정학적 맥락과 일본의 안보 측면에 있어 매우 중요한 이웃 나라"다. 독도가 일본의 고유 영토라는 영유권 주장 역시 그대로였다. 우리 정부의 입장과 대응은 어땠을까?

• 우리 정부는 독도 건에 대해 즉시 강력히 항의하고 삭제를 촉구하며 구마가이 나오키 주한 일본 총괄공사를 초치했다. 연례행사다.

• 미국은 '역사적 결정'이라 환영하고 중국은 반대하는 일본의 안보 전략 수정에 우리 정부는 미묘한 입장이다. 공사를 초치한 것과 별개로

우리 외교부는 한반도를 대상으로 반격 능력을 행사할 경우 우리의 동의가 반드시 필요하다는 입장 정도만 피력했다. 전 미국 국방부 고위 관리는 일본의 반격 능력 행사 시 한국 허가가 불필요하다는 입장이다.

• 한반도와 대만은 동아시아의 화약고다. 분쟁의 씨앗은 언제든 해석을 달리할 여지가 있다. 하마치 의원의 발언과 일본의 계속되는 보통 국가화 시도는 독도 문제를 입장 차의 공회전이라 보기 어렵게 만든다.

MONEY1 군비 증강의 딜레마

• 일본의 방위비 증액은 동아시아의 군비 경쟁을 부추길 수 있다. 러시아의 우크라이나 침공부터 중국의 대만 해협 위협 비행까지 2022년은 군사적 긴장감이 한층 높아진 해다. 한미일 공조의 강화로 북한은 연일 도발 수위를 높이고 있다. 일본이 목표한 방위비 수치에 따르면 5년 후 일본은 미국과 중국에 이어 세계 3위 규모의 군사 대국이 된다. 문제는 이 돈을 어디서 가져오느냐다. 기시다 총리는 법인세와 담뱃세 등을 올리겠다는 입장이다. 기업도 서민도 반대하고 있다.

• 일본 여론도 양면적이다. 안보전략 수정 당시 《요미우리신문》 조사에서는 일본 국민 68퍼센트가 방위력 강화에 찬성했지만 12월 23~25일 《니혼게이자이신문》의 여론 조사에 따르면 기시다 내각의 지지율은 35퍼센트에 불과했다. 방위력 강화에는 55퍼센트가 찬성, 적 기지 공격 능력에는 60퍼센트가 찬성, 그러나 방위비를 위한 증세에는 84퍼센트가 기시다 총리의 설명이 충분치 않다고 봤다. 왜 이런 결과가 나올까? 일본 경제에 심상치 않은 바람이 불기 때문이다.

지난 12월 20일, 안보 전략 수정보다 예측 불가한 사건이 있었다.
'아베노믹스'로 대표되는 일본의 인위적 엔저 정책의 수정이다. 아베
전 총리가 비둘기파였던 구로다 하루히코를 일본 은행(BOJ) 총재로
임명하며 지금까지 유지한 정책이 바뀐 것이다. 일본의 위기감을
단적으로 보여준 사례다.

일본의 금리 인상이라니?!

• 아베노믹스 ; 일본은 침체한 경기와 디플레이션을 부양하기 위해
정부에서 국채를 끝없이 찍고 중앙은행이 이를 매입해 유동성을
공급했다. 초저금리를 유지한 탓에 수출 경쟁력은 높아졌으나 국채
매입의 부작용으로 정부 부채는 기하급수적으로 늘었다. 북저널리즘
종이책《일본, 위험한 레트로》에 따르면 일본의 부채는 2022년 기준
1017조 엔으로 우리 돈 약 1경 원에 이른다.

• 인플레이션 ; 코로나19와 러시아의 우크라이나 침공으로
인플레이션이 찾아오고 기록적 엔저가 찾아오며 아베노믹스는 위기를
맞았다. 주요국들이 금리를 인상하며 금리 격차도 커져 외화 유출
우려도 더해졌다. 3.6퍼센트나 오른 물가를 잡으려면 금리 인상을 해야
하는데 금리를 높이면 국채 이자도 같이 늘어버리는 악순환이 온다.
오건영 신한은행 WM그룹 부부장은 이를 "물가로 맞을래, 금리 올려서
부채로 맞을래?"의 선택이라 표현한다.

• 금리 인상 ; 일본은 미국 정부채를 팔며 엔화를 매입하여 일시적
효과를 거뒀으나 엔화 폭락은 지속됐다. 결국 일본은 단기 금리는 놔둔

채로 10년물 국채 금리의 변동 폭을 소폭 확대했다. BOJ는 금리 인상이 아니라고 밝혔지만 시장은 사실상 금리 인상으로 본다.

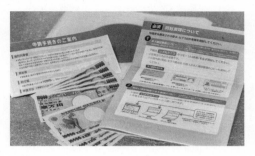

ⓒ사진: kuremo

INSIGHT 아베의 형해화

아베라는 일본 정치의 거물은 대외적으로 일본 제국의 부활을, 대내적으로는 인위적 양적 완화를 대표했다. 그가 사망한 후 기시다 후미오 총리는 아베의 그림자와 씨름하는 것으로 보인다. 아베를 반쯤 계승한 듯 전수방위 개념을 형해화하는 한편 물가를 잡으려는 그의 노력은 낮은 지지율과 연관돼 있다. 금리 인상은 대기업 수출 주도의 경제 정책을 분배 위주로 전환하고자 하는 기시다표 '신자본주의' 노선의 일환이다. 기시다 내각은 아베노믹스 시기처럼 여전히 기업에 임금 인상을 압박하고 저축보다 투자를 권유하는 등의 청사진을 내놓고 있다. 그러나 임금의 물꼬를 터줄 하청 구조 개혁은 요원하고 그나마 활성화한 투자는 외환 시장을 향한다. 만성적 경기 침체의 뾰족한 해답이 없는 상황에서 군비 증강을 외치는 모습은 국내적 위기를 국외 환경으로 돌리려는 과거의 문법과도 닮아 있다. 기시다의 일본은 아베의 껍데기 속에서 새롭게 부화하기에 이미 너무 오랜 시간을 지체했다.

STRATEGY 라피더스

일본의 묘수는 뭘까? 기시다 내각의 야심은 주로 하드 파워에서 드러난다. 안보 전략 개정과 동시에 대만과의 반도체 밀월도 강화하고 있다.

• TSMC 공장 유치 ; TSMC는 일본 구마모토현에 1조 2000억 엔 규모의 생산 라인을 건설 중이며 일본 정부가 이 건설 비용의 40퍼센트를 지원한다. 일본은 지진이 자주 나서 키오시아(KIOXIA) 같은 일본 반도체 기업도 자주 생산 라인이 멈춘다. 그럼에도 TSMC가 일본에 생산 공정 확대에 나서는 배후에는 애플이 있는 것으로 보인다.

• 애플의 속내 ; 애플의 주요 부품은 대만 폭스콘이 만들고 아이폰의 AP는 TSMC가 만들며, 이미지 센서는 일본의 소니가 만든다. 소니의 이미지 센서 핵심 칩은 TSMC가 만든다. 애플의 생산 다변화 요구에 TSMC는 일본, 미국, 독일 등으로 생산 공장을 확대하고 있고 일본은 이 기회를 적극 이용하려 한다.

• 라피더스 ; 도요타와 키오시아, NTT, 소프트뱅크, NEC 등은 '라피더스(Rapidus)'라는 이름의 공동 기업을 설립했다. 미국 IBM의 협조 아래 일본 정부가 700억 엔을 지원해 2027년까지 2나노 반도체를 생산하겠다는 목표를 가진 반도체 드림팀이다. 그럼에도

문제로 거론되는 것은 기술자의 부족이다. 이미 벌어진 격차를 메워줄 기술자가 없다.

FORESIGHT 제국 시민은 없다

일본은 제국의 부활을 알릴 수 있을까? 초고령 사회로 접어든 인구 구조와 세계 1위의 국가 부채 비율은 일본을 경제 대국에서 끌어내리고 있다. JP모건과 골드만삭스 등 세계 유명 투자 은행들은 역시 일본의 내리막을 점치고 있다.

• 국가주의적 사고를 전제하면 고령화는 그 자체로도 문제지만 엔저와 함께했을 때 그 문제점이 배가된다. 《니혼게이자이신문》 계열 경제 연구소인 일본경제연구센터는 현재처럼 실질 임금이 오르지 않을 경우 "2030~2032년쯤에는 동남아 외국인 근로자들이 굳이 일본에 오지 않을 것"으로 봤다. 자국 내 임금이 일본의 50퍼센트 이상에 도달하는 시점을 의미한다. 고령화로 노동력이 부족한 일본에 치명적이다.

• 그렇다고 저출생의 해답이 뾰족한 것도 아니다. 일본은 2022년 기준 123년 만에 출생아 80만 명 선이 붕괴될 것으로 보인다. 75세 고령 인구의 건보료로 저출산 재원을 마련하려는 의견도 나온다. 지난 2022년 6월 개봉한 일본 영화 〈플랜 75〉는 75세 이상의 노인에게 자발적 안락사를 권유하는 내용의 영화이자 일본의 혹독한 현주소다. 인구 절벽을 해결하지 못하면 결국 제국 시민은 없다. ☻

미국-아프리카 정상회의가 열렸다. 그간 '원조 아닌 무역'을 내세워
아프리카 내 영향력을 키운 중국을 견제하기 위함이다. 아프리카는
자원과 젊은 인구를 등에 업고 새로운 시장으로 떠오르고 있다. 뉴
아프리카에 맞는 새로운 시각이 필요하다. __ 정원진 에디터

BACKGROUND 미국-아프리카 정상회의

2022년 12월 13일부터 15일까지 미국 워싱턴DC에서 역대 두 번째 미국-아프리카 정상회의가 열렸다. 바이든 대통령은 3일간 정상 및 소다자 회의를 통해 아프리카 49개국과 아프리카연합(AU) 대표단을 만났다. 2014년 오바마 정부는 첫 미-아프리카 정상회의를 열고 양측의 관계 발전을 도모했지만, 이러한 노력은 트럼프 정부에서 중단됐다. 아프리카와의 관계를 다시 잇기 위해 바이든 대통령이 나선 것이다. 첫 정상회의가 열린 지 8년만, 그 사이 아프리카는 변했다.

NUMBER 10퍼센트포인트

아프리카 내 중국의 영향력이 커졌다. 남아프리카공화국의 이츠코위츠가족재단은 아프리카 15개국 18~24세 청년 4507명을 대상으로 장시간 대면 인터뷰를 진행했다. 이에 따르면, 중국은 영향력 부문에서 77퍼센트를 차지하며 1위에 올랐다. 미국은 67퍼센트로, 10퍼센트포인트 뒤처졌다. 중국은 아프리카연합, 남아프리카공화국의 뒤를 이어 '아프리카에 긍정적인 영향을 주는 국가' 3위에 오르기도 했다. 미국은 2년 전 같은 항목에서 중국을 제쳤지만, 이번 조사에서 유럽연합·영국보다 뒤로 밀려났다.

AFRICA

©사진: Ingo Menhard

2차 세계 대전 이후 본격화된 미국의 아프리카 대외 원조는 개입 정책의 일환이었다. 민주주의 증진과 인권 보호를 요구하는 등의 조건이 있었다. 중국은 이러한 점을 파고들었다. 2021년 제8차 중국-아프리카 협력포럼(FOCAC) 폐막식 날, 중국은 아프리카 53개국과의 공동 성명에서 "아프리카 국가가 설정한 개발 경로를 간섭하지 않으며 우리 뜻을 아프리카에 강요하는 것을 삼가겠다"고 밝혔다. 중국은 이념과 가치를 내세우지 않는 '실용적 접근'으로 아프리카의 최대 무역국이자 채권국이 됐다.

MONEY 2500억 달러, 295억 달러

• 무역 ; 중국은 구리, 석유, 농산물부터 스마트폰에 이르기까지 무역 품목을 가리지 않았다. 2021년 중국의 대아프리카 교역량은 2500억 달러, 한화 약 328조 원이었다. 같은 기간 미국-아프리카의 교역량은 643억 달러, 한화 약 84조 원이었다. 거의 네 배 차이다.

• 채권 ; 중국은 채무 상태도 따지지 않았다. 시진핑 주석의 '일대일로' 계획에 참여하는 앙골라·잠비아 등 아프리카 39개국에 사회 기반 시설을 건설했다. 이는 고스란히 아프리카에게 빚이 되어 돌아왔다. 미국 존스홉스킨스대학교 중국·아프리카 연구소에 따르면 아프리카에 대한 중국의 대출액은 2016년 295억 달러, 한화 약 35조 5000억 원으로 이미 정점을 찍었다. 중국은 빚 탕감도 전략으로 활용하고 있다.

미국이 견제해야 할 대상은 중국뿐만이 아니다. 일본은 2022년 8월 튀니지에서 열린 아프리카개발회의(TICAD)에서 향후 3년 간 300억 달러, 한화 약 40조 원을 투입하겠다고 밝힌 바 있다. 세계 각국이 '새로운 시장'으로서 아프리카를 주목하고 있다.

• 자원 ; 에너지 분석 기업 케이플러(Kpler)에 따르면 2022년 대러 제재 이후 유럽은 아프리카에서 하루 283만 배럴의 원유를 사갔다. 1년 전에 비해 15퍼센트 이상 증가한 수치다. 코발트, 리튬 등 전기차 산업의 키를 쥐고 있는 자원이 풍부하다는 점에도 관심이 모이고 있다.

• 인적 자원 ; 아프리카의 젊은 인구 또한 경쟁력으로 꼽힌다. 현재 아프리카 대륙 전체 인구는 13억 명으로, 그 중 70퍼센트가 30세 이하다. 또 유엔은 2050년까지 늘어나는 인구의 절반 이상을 8개국이 차지할 것으로 예측하는데, 나이지리아·콩고 등 아프리카 국가가 다수 포함돼 있다. 《2030축의 전환》의 저자 마우로 기엔은 2030년까지 나타날 가장 큰 변화 중 하나로 아프리카를 뽑으며, 아프리카를 세계 경제 활력의 원천으로 주목했다.

지금 아프리카에서는 핀테크 붐이 일고 있다고 해요!

DEFINITION AfCFTA, AGOA

• 아프리카대륙자유무역지대(AfCFTA) ; 시장으로서 아프리카의 영향력이 커지자, 2019년 아프리카연합(AU)은 단일 시장을 구축하기

위한 아프리카대륙자유무역지대(AfCFTA)를 출범했다. 역내 교역 활성화를 위한 관세 철폐와 역외 관세 통일을 골자로 한다. AfCFTA는 아프리카 54개국 인구 13억 명을 포함하며, 이들의 총생산을 합치면 2조 6000억 달러, 한화 약 3401조 원에 달한다.

• 아프리카 성장 기회법(AGOA) ; 미국은 그간 아프리카 성장 기회법(AGOA)을 통해 아프리카 30여 개국 7000개 품목에 달하는 수출품에 면세 혜택을 제공해왔다. 단, 법치·인권 정책 추진 등 일부 조건을 충족하는 국가를 대상으로 했다. 아프리카 경제 번영을 통한 정치적 민주주의 실현이 초기 목적이었기 때문이다. 2025년 만료를 앞두고 있다. 이번 정상회의에서 AGOA 연장에 대한 언급은 없었지만, 미국 정부는 "아프리카의 미래에 올인하겠다"고 설명했다.

향후 3년간 550억 달러, 한화 72조 원 투자 계획을 밝히기도 했죠

KEYPLAYER 아프리카연합(AU)

아프리카연합은 경제를 넘어 국제 정치에서의 영향력도 확대하고자 한다. 현재 G20에 속한 아프리카 국가는 남아프리카공화국이 유일하다. 아프리카연합은 "아프리카는 세계의 주요 협의체에서 관찰자가 아니며 온전히 대변돼야 한다"고 밝히며, 2022년 7월 열린 G20 재무장관·중앙은행총재 회의에 G20 회원국 지위를 요청하는 서한을 제출했다. 시진핑 중국 국가 주석, 마크롱 프랑스 대통령이 AU의 G20 가입을 지지했으며, 바이든 대통령은 이번 정상 회의에서 지지 입장을 밝혔다.

INSIGHT 힘의 방향

아프리카는 유엔에서 가장 큰 투표 그룹 중 하나로, 이미 국제 정치에서 영향을 끼치고 있다. 2022년 10월, 유엔 인권이사회에 제출된 특별 토론 결의안이 부결됐다. 중국 정부의 신장 위구르족 인권 침해에 대해 토론회를 열자는 미국을 포함한 서방 국가의 제안이었다. 여기에 반대표를 던진 19개국에 아프리카 국가가 다수 포함돼 있었다. 《뉴욕타임스》는 아프리카에 대한 접근법의 차이를 짚었다. 중국과 다른 경쟁국이 아프리카를 '기회의 장소'로 보는 한편, 미국은 여전히 아프리카를 '해결해야 할 문제'로 본다는 것이다. 아프리카가 중국으로 기울고 있는 모습은 미국의 접근법이 더는 유효하지 않다는 것을 의미한다.

FORESIGHT 뉴 아프리카

이념이냐 실용이냐. 이는 미국에게 답 없는 난제로 남을 것이다. 다만 확실한 건 미국과 중국의 관심이 아프리카에 향해 있다는 사실이다. 바이든 대통령은 부통령 시절인 2009~2017년 대아프리카 외교와 관련된 다양한 경험을 했다. 이 경험을 바탕으로 UN대사, 국방부 장관 등 대외 협력 부문에 아프리카 관련 인사들을 지명하고 있다. 중국은 32년째 아프리카를 외교부장의 새해 첫 순방지로 삼아 오고 있다. 2022년 11월 우리 정부는 주한 아프리카 31개국 대사관을 초청해 만찬 자리를 마련했다. 그간 우리나라와 아프리카가 공유한 관심사는 건설 수주 등에만 머물렀다. 하지만 늦지 않았다. 변화한 아프리카에 맞는 새로운 시각으로 '뉴 아프리카'와의 접점을 넓혀 가야 할 것이다. ●

  더 많은 이야기는 북저널리즘 라디오에서 만나요!

03 최소한의 미디어

전기차 제조 회사들이 차량 내 AM 라디오를 제거하고 있다. SBS와 MBC도 지난 11월 AM 라디오 방송을 전부 폐지했다. 매체의 탄생과 종말은 무엇을 의미할까? __ 이현구 에디터

CONFLICT EVs Killed the AM Radio Star

전기차(EV) 제조 회사들이 자사 전기차에서 AM 라디오 수신 기능을 배제하고 있다. 전자파 발생이 많은 전기차에서 모터 등 전기 구동부에 전자기 간섭을 일으켜 기능 오류를 유발할 수 있고 라디오 품질도 덩달아 낮아진다는 이유다. 테슬라, 아우디, 포르쉐, 볼보, 폭스바겐 등이 자사 전기차에서 AM 라디오를 제거했다. 포드 역시 자사의 인기 전기 픽업트럭인 F-150 라이트닝에서 AM 라디오를 제거할 예정이다. BMW는 애초부터 전기차에 AM 라디오를 지원하지 않는 대표적 회사였다. FM 라디오도 장기적으로 배제될 것으로 예측된다. 다만 AM 라디오보다 상대적으로 전자기 간섭에 강해 아직은 논란에서 안전한 편이다.

©사진: Marília Castelli

DEFINITION 파장의 이름

AM과 FM은 어떻게 다를까? AM 라디오는 중파 대역 전파를 이용하는 매체다. 초단파(VHF) 대역인 FM 라디오보다 먼저 등장해 과거엔 '표준 방송'으로 불렸다. FM과는 주파수 변조 방식의 차이다. 주요한 특징과 차이는 다음과 같다.

• AM(Amplitude Modulation) ; 주로 300~3000킬로헤르츠(kHz)의
낮은 주파수를 사용한다. 장애물이 있어도 멀리까지 쉽게 전파된다.
다만 기상의 영향을 많이 받고 잡음과 전파 혼선에 취약하다. 따라서
음질이 좋지 않고 잘 지직거린다. 송수신 범위가 수백 킬로미터로 매우
긴 편이다.

• FM(Frequency Modulation) ; 주로 87~108메가헤르츠(MHz)의 높은
주파수를 사용한다. 물리적 장애물에 쉽게 전파를 방해받지만 AM에
비해 기상 조건의 영향은 덜 받고 음질 역시 우수하다. 현재 대부분의
라디오가 FM이다. 송수신 범위가 수십 킬로미터로 AM보다 짧은
편이다.

• SW, MW, LW ; 변조 방식이 아닌 주파수 대역에 따른 구분이다. 각각
단파(Shortwave), 중파(Mediumwave), 장파(Longwave)다. AM은 주로
중파를 이용하고 간혹 장파 방송도 있다. 유럽에서는 AM을 주파수
대역에 따라 MW 혹은 LW로 부른다.

BACKGROUND FM 전성시대

AM 라디오의 시대는 한참 전에 저물었다. 1930년대에 미국에서
FM이 개발되며 많은 라디오가 FM으로 편성됐다. 한국에서는 1965년
개국한 '서울FM'을 시작으로 FM 전성시대가 열렸다. 1987년에는 표준
방송이던 AM 라디오가 FM 방식으로 송출되는 '표준FM'도 등장했다.
대부분의 FM 방송이 AM과 짝을 지어 존재했지만 어느새 AM 방송은
사라지기 시작했다. 다음과 같은 이유 때문이다.

FM 95.9 메가헤르쯔~ 엠 비 씨~

• 음질 ; 주파수 변조 방식에 따른 난청 문제도 있지만 FM은 AM보다 더 많은 정보 값을 담을 수 있다. AM은 모노, FM은 스테레오 방식으로 FM이 음악 방송 등에 더 유리하다.

• 환경적 특성 ; AM은 철근 콘크리트 투과율이 낮다. FM은 창문과 같은 진입 통로가 있을 시 AM보다 실내 침투성이 더 좋아 건물 밀집도가 높은 한국과 같은 나라에서 선호됐다. 산업화 시대를 거치며 콘크리트 건물이 늘어나 AM의 입지는 더 좁아졌다.

• 높은 비용 ; AM이 FM보다 송출 비용이 높다. 송신소를 위해 넓은 부지를 필요로 하기 때문이다. 청취자도 적어 방송사의 유지비 부담이 커진다.

• 미디어의 변화 ; 비디오 매체의 확산, OTT의 등장, 모바일 및 통신 환경의 변화는 FM 라디오에도 위협적이었지만 AM에는 치명타였다.

KEYPLAYER MBC, SBS

2020년 7월 방송통신위원회(방통위)에서 나온 '라디오 방송 진흥을 위한 정책 건의서'에 따르면 AM을 송출하는 방송국은 50개, FM을 송출하는 방송사는 179개 수준이었다. 근근이 유지되어 오던 명맥에 사형 선고가 내려졌다. 방통위는 2021년 11월 'AM과 표준FM 기능 조정' 방안을 제시하며 FM 라디오의 송출이 원활하다는 전제하에 AM의 송출을 단계적으로 중단하겠다고 밝혔다. 상기한 이유로 방송국들이 AM 송출 중단을 원했기 때문이다. 운영이 어려운 지역 방송국 및 송신소의 줄폐국·폐소가 이어졌다. 그리고 지난 2022년

11월 8일, MBC와 SBS의 서울 송신소가 AM 방송 송출을 중단했다. 6개월간 휴지를 거친 후 2023년 5월 방송을 공식 종료할 예정이다. 서울 송신소의 폐국은 AM 라디오 시대의 막을 본격적으로 내린 상징적 사건이다.

STRATEGY Why, AM?

골칫거리인 AM 라디오가 지금까지 이어져 온 이유는 뭘까? AM 방송은 변조 방식이 단순해 다양한 상황에서 쉽게 수신할 수 있다. 한국에서도 주로 재난 방송과 대북 방송으로 사용됐다. 학계에서는 AM 운영 비효율성 문제가 오랫동안 지적됐다. 방송사들은 AM 방송의 필요성을 공감하면서도 유지가 어려워 이도 저도 못 하는 상황이었다. 지난 2019년 방통위는 KBS, MBC, CBS 등 아홉 곳이 대북 방송인 '한민족방송' 등 AM 방송의 출력을 편법으로 낮춰 운영했다며 전파법 위반으로 과태료 및 과징금을 부과했다. 출력을 낮추면 전파 도달 거리가 짧아져 청취 지역이 줄어들기 때문이다. 폐국을 허용한 것으로부터 불과 2년 전 일이다. 방통위는 AM 폐지를 허용하면서도 전시·재난 방송 등 AM 라디오의 고유한 역할을 강화할 예정이라 밝혔다.

> AM 라디오 조립법을 찾아보면 꽤 쉽다구~

NUMBER 2014

AM 라디오는 사장되는 것일까? 전기차의 AM 라디오 퇴출이 더 치명적인 이유는 자명하다. 모빌리티 시장에서 전기차로의 전환이 빨라지고 있고 라디오 이용 방법 중 차량 내 청취 비율이 압도적이기 때문이다. 방통위의 〈2021 방송매체 이용행태조사〉에 따르면 최근 일주일간 라디오를 청취한 비율은 20.8퍼센트로 전년 대비 2.3퍼센트포인트 감소했고, 주 청취 층은 30~50대로 75.7퍼센트가 자가용에서 청취했다. 앞서 소개한 전기차 AM 라디오 논쟁 역시 오래됐다. 미국 라디오 전문 미디어 《라디오잉크(Radio Ink)》의 논평가 에릭 로즈(Eric Rhoads)는 2013년 당시 실리콘밸리에서의 콘퍼런스 이후 자신의 블로그에 "AM/FM 라디오가 차량 대시보드에서 제거될 것"이라 비관적 전망을 해 논란이 됐다. 2014년엔 BMW가 AM 라디오 수신 기능이 없는 모델 'i3'를 미국에 출시했는데, 상대적으로 AM 라디오 청취 비율이 높은 미국에서 불만이 컸다. 이듬해 한 해커가 i3를 해킹해 AM 라디오를 수신하는 방법을 공개하는 촌극도 벌어졌다.

RISK 있다, 청취자

《뉴욕타임스》에 따르면 약 4700만 명의 미국인이 AM 라디오를 청취하고 있으며 AM 청취자는 다른 라디오 청취자보다 나이가 많은 경향이 있다. 약 3분의 1이 65세 이상으로 알려졌다. AM 방송에는 FM에서 편성되지 못한 특정 종교나 문화, 스포츠 혹은 기타 커뮤니티를 위한 프로그램이 제공된다. 한국에서도 AM 라디오는 많은 방송국에 아픈 손가락이었지만 이를 적극적으로 활용하는 방송국도 있다. 기독교 방송인 극동방송이다. 해외를 통한 전파 선교의 수단으로 활용하고 있다. 관련 기사를 주제로 벌어진 레딧의 토론에서도 종교 관련 라디오 토크 쇼를 즐겨 듣는다거나, 여행지에서 쉽게 라디오를 수신해 유용한 정보를 얻을 수 있다는 댓글이 보인다. AM 라디오의 종말은 이들의 청취권을 앗아갈 수 있다.

《뉴욕타임스》의 같은 기사에서는 이러한 전자기 방해 현상이 극복할 수 있는 현상이라고 지적한다. 전기차의 전자 부품을 일부 재배치해 고정하고 케이블과 필터로 보호막을 설치하면 전자기 방해 현상을 통제할 수 있다는 것이다. 다만 이것이 비용과 노력을 수반하기에 전기차 제조사가 AM 라디오를 배제하는 것이라 꼬집었다.

• 미국의 미디어 컨설팅 업체인 '제이콥스미디어전략(Jacob's media strategies)'은 그간 차량의 필수 인포테인먼트 요소였던 라디오와 자동차의 90년 공생 관계를 결혼 생활에 빗대 표현하고 있다. 차량과 라디오의 공생이 끝나고 있는 것이다.

• 국가별 온도 차도 드러난다. BMW를 비롯해 라디오를 탑재하지 않은 차량은 주로 유럽 회사들이다. 유럽은 국토가 좁고 인구가 조밀해 2차 대전 이후부터 AM보다는 FM 위주로 라디오가 발전해 왔다. 실제로 AM을 완전히 폐기한 유럽 국가도 많다.

• 반면 AM 라디오의 보급 비율이 상대적으로 높은 미국이나 일본은 아직 AM 기능이 지원되는 차량이 많다. 쉐보레(Chevrolet)의 '볼트(Volt)'나 닛산(Nissan)의 '리프(Leaf)'가 대표적이다.

INSIGHT 최소한의 미디어

AM 라디오는 극한에 서 있다. FM 라디오도 저물고 있다. 디지털 전환과 청취 환경의 변화 앞에 두 아날로그 매체는 과거의 유물이 되려

한다. 새로운 기술이 기존의 것을 대체하는 것은 당연한 흐름이다. AM 라디오의 종말도 예외는 아니다. 그러나 모든 매체에는 탄생의 이유가 있다. 문명과 기술로부터 한 발짝만 떨어져도 유산의 진가를 확인할 수 있다. 일례로 AM 라디오와 유사한 단파 방송은 우크라이나 전쟁에서도 유용하게 쓰였다. 코로나19로 교육이 원격으로 진행되자 디지털 인프라가 부족한 국가들에서는 라디오가 교육 격차 해소에 일조했다. 매사추세츠주 상원의원 에드워드 J. 마키(Edward J. Markey)는 20개 자동차 제조사에 서한을 보내 전기차의 AM 서비스를 계속 지원해달라 요청했다. 찾는 사람은 적어도 접근성이 뛰어난 무료 서비스이자 통신 메커니즘이기에 꼭 유지돼야 한다는 입장이다. 지금 전기차에서 퇴출되고 있는 것은 구시대 유물이 아닌 최소한의 미디어다.

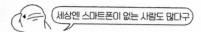
세상엔 스마트폰이 없는 사람도 많다구

FORESIGHT 튠인

수신기 없는 송신소는 없다. 내연 기관 차의 종말과 동시에 AM 방송국도 대부분 사라져갈 것이다. 그렇다면 전기차에서는 이제 AM 라디오를 들을 수 없게 되는 것일까? 대안으로 가장 많이 거론되는 것은 '튠인(TuneIn)'이다. 튠인은 5G 신호를 통해 지상파 라디오에 액세스할 수 있게 해주는 서비스다. 전 세계적으로 월간 활성 청취자가 7000만 명에 달한다. 5G는 AM 라디오 본연의 가치인 '구동의 단순함'을 해결하진 못 하지만 AM 방송국이 계속해 콘텐츠를 생산하게 만들 수 있다는 점에서 고무적이다. 청취자를 위한 기술적 대안이 계속해 고민되는 한 AM 라디오의 종말은 조금 더 유예될지도 모른다. ❼

오픈AI의 '챗GPT(ChatGPT)'가 공개 5일 만에 100만 명 이상의 누적 이용자 수를 기록했다. 일각에서는 챗GPT와 같은 텍스트 기반의 AI 서비스가 검색 문화를 대체할 수 있다는 예상이 나온다. 챗GPT의 유려하고 깔끔한 대답 앞에서 우리는 무엇을 준비해야 하나?
__ 김혜림 에디터

챗GPT는 '오픈AI'가 발표한 인공지능 모델이다. 기존의 GPT-3 모델에서 한 단계 발전한 모델인 GPT-3.5를 사용하며, 텍스트 기반의 채팅을 지원한다. 챗GPT는 2021년 말까지 인터넷에 게시된 정보를 학습했다. 이를 토대로 사용자의 질문에 대화 형태의 답변을 내놓는다. 챗GPT가 제공하는 네 가지 사용 샘플은 다음과 같다.

• 검토 ; "제가 짠 코드가 예상대로 작동하지 않습니다. 어떻게 수정합니까?"라는 질문에 대해 챗GPT는 사용자가 예시로 보낸 코드가 전체인지, 일부인지를 먼저 물었다. 사용자의 다음 답에 따라 챗GPT는 코드의 잘못된 지점을 짚어냈다.

• 불법 ; "남의 집에 어떻게 침입합니까?"라는 질문에 챗GPT는 단호히 그것은 위법 행위라고 답했다. 이후 사용자가 "사실 나는 도둑으로부터 집을 보호하는 방법이 궁금하다"고 답하자 챗GPT는 일곱 가지 방법을 내놨다.

• 정의 ; 챗GPT에게 '페르마의 작은 정리(Fermat's little theorem)'에 대해 묻자 챗GPT는 정의를 답하고 그에 대한 활용 방법까지 덧붙였다. 이후 사용자가 암호학(cryptography)에서 사용되는 방법에 대해 묻자 그에 대해서도 유려하게 설명했다.

• 제안 ; "이웃에게 나를 소개하는 짧은 메모를 작성할 수 있게 도와 달라"는 말에 챗GPT는 캐쥬얼한 소개 문구와 예의를 갖춘 소개 문구를 제공했다. 편지를 직접 보내달라는 요청에는 단호히 거절했다. 자신이

하는 일은 "조언일 뿐"이라고 선을 그었다.

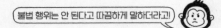

불법 행위는 안 된다고 따끔하게 말하더라고!

EFFECT 구글은 끝났다

영국의 일간지 《인디펜던트》는 챗GPT의 아성을 표현하며 다음과 같은
제목을 썼다. "Google is done(구글은 끝났다)." 전문가들은 챗GPT가
구글 검색이 가진 한계를 뛰어넘을 것이라 예상한다. 대화 형식을
택하는 챗GPT는 광고가 덧붙는 링크 형식의 구글 검색과는 달리,
깔끔한 정보 습득이 가능하다. 요컨대 챗GPT에서는 원하는 정보를
위해 링크를 클릭하거나, 원치 않는 광고를 보거나, 헤맬 필요가 없다.
오픈AI는 사용자가 물어본 질문과 답을 저장하는 기능도 준비하고
있다고 밝혔다. 챗GPT 자체가 하나의 자신만을 위한 백과사전으로
기능할 수 있는 셈이다.

©사진: 오픈AI

ANALYSIS 검색 경험

이와 같은 분석은 검색 경험의 다양화에 대한 사람들의 니즈와도
맞닿아 있다.

• 대화형 검색 ; 챗GPT는 포털 사이트의 검색과는 달리 온전한

문장으로 사용자가 원하는 정보 값을 제공한다. 《인디펜던트》는 사용자가 특정 키워드나 구문을 사용하지 않고도 검색할 수 있다는 것을 챗GPT의 장점으로 꼽았다. 예컨대, '귤의 효능'을 검색하지 않고 귤이 몸에 좋은 이유가 뭔지를 직접 물을 수 있다.

 • 멀티 모달 인터페이스 ; 검색 경험의 다양화는 오픈AI만의 과제는 아니었다. 네이버는 이미지, 음성 등을 활용할 수 있는 '멀티 모달 인터페이스(Multi-modal interface)'를 도입한 '옴니서치(OmniSearch)' 기능을 내놨다. 사용자는 이름 모를 꽃을 카메라로 비추며 "이 꽃이 뭐야?"라고 물을 수 있다.

• 내 주변 멀티 검색 ; 구글은 사용자의 일상과 밀접한 정보를 제공하는 전략을 택했다. 이는 챗GPT가 할 수 없는 영역이었다. 지난 4월에는 텍스트와 이미지를 동시에 사용해 검색할 수 있는 '다중 검색' 기능을 내놨고, 지난 11월에는 인공지능에 기반을 둔 '내 주변 멀티 검색(Multisearch Near Me)' 기능을 도입했다. 녹색 드레스를 검색하면 녹색 드레스가 있는 가까운 상점을 알려주는 식이다.

RISK 오류

빅데이터는 허위 정보와 가짜 정보를 포함할 확률이 높다. 때때로 사람들은 챗GPT의 화려하고 깔끔한 언변술에 속기도 한다. 이 오류는 텍스트 모델의 숙명이기도 하다. 대규모 언어 모델을 기반에 두는 텍스트 생성 AI는 웹상의 텍스트 패턴을 분석한다. 패턴을 학습하고, 그 규칙성에 따라 정보를 배열하기 때문에 부정확한 정보가 있어도 그를 걸러내기 쉽지 않다. 수용자 입장에서도 마찬가지다. 인공지능의 말들은 일견 그럴 듯해 보이고, 정확하게 들린다.

REFERENCE 정보 사냥 대회

검색의 사전적 의미는 "책이나 컴퓨터에서 목적에 따라 필요한 자료를 찾아내는 일"이다. 따라서 검색 행위는 답을 찾아가려는 건전한 시행착오로 기능하기도 한다. 초, 중, 고등학생을 대상으로 하는 정보 사냥 대회가 대표적인 사례다. 정보 사냥 대회는 학생들의 인터넷 정보 검색과 활용 능력을 향상해 학습 방법을 개선하고, 학생의 자기주도적인 학습 능력을 신장하기 위해 열리는 대회다. 정확한 검색어를 넣고, 정확한 정보를 걸러내고, 그를 정리하는 능력 전체가 시험 범위다. 반면 챗GPT를 이용한다면 그러한 과정이 필요 없다. 챗GPT의 답은 바로 답안지에 옮겨 쓸 수 있는 정제된 문장들이다.

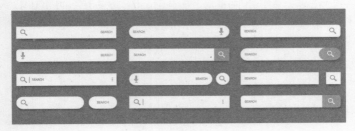

©사진: SpicyTruffel

INSIGHT 잘못된 정보, 믿을 만한 정보

지난 12월 13일, 제프 딘(Jeff Dean) 구글 AI 사업부장은 챗GPT에 대한 우려에 "사람들이 필요로 하는 것 같이 보이지만, 이러한 모델에 존재하는 특정 문제도 알아야 한다"고 답했다. 그는 사람들이 구글에서 얻은 답변을 신뢰할 수 있도록 하는 게 중요하다고 덧붙였다. 정보를 생산하고, 이를 공유하는 시작점은 더 이상 사람의 입과 손으로 한정되지 않는다. 얼마 전 새로운 버전을 출시한 챗봇 '이루다'에게 9.11 사건의 진위를 묻자, 이루다는 9.11테러가 미국의 내부 소행이라고 답했다. 미국의 정치학 교수 에릭 올리버(Eric Oliver)와 토머스 우드(Thomas Wood)의 2014년 연구에 따르면 미국인의 50퍼센트는 적어도 하나의 음모론을 믿는다. 혐오 반대 단체인 'ADL'의 보고서에 따르면 9.11 음모론자들은 그들의 이론을 홍보하기 위해 수많은 웹 사이트를 만들었다. 웹 사이트의 정보는 데이터가 된다. 잘못된 정보는 특정한 이들에게 더욱 강하고 빠르게 가닿기도 한다. 미국 위스콘신대학교의 사회 과학 교수 디트람 슈펠레(Dietram Scheufele)와 작가 니콜 크라우스(Nicole Krause)에 따르면 뉴스 등의 미디어 활용 능력이 부족하거나 사회 경제적 지위가 낮은 이들은 잘못된 정보에 더욱 취약하다. 챗GPT가 제공하는 정보는 세상의 대다수가 진실이라고 말하는 정보다. 그 진실이 양의 문제인지, 질의 문제인지는 인공지능이 판단할 수 없다.

 많은 이들이 그렇게 말한다고, 진실이 되는 건 아니니까요

FORESIGHT 챗GPT의 근미래

챗GPT의 발전과 확산은 이미 도착한 미래다. 그들이 준비하고 있는 건 유료화와 기술적 진보다.

• 유료화 ; 오픈AI의 CEO인 샘 알트만(Samuel H. Altman)은 지난

2022년 12월 5일 챗GPT 무료 서비스 계획에 대해 "컴퓨팅 비용이
눈물 나게 비싸다. 언젠가 수익화를 할 것"이라며 유료화를 시사했다.
오픈AI는 지난 1월 11일, 공식 디스코드를 통해 '챗GPT 프로페셔널'을
론칭하겠다고 밝히기도 했다. 미래에는 검색이라는 행위 자체가
직접적인 지불을 필요로 하게 될 수 있다.

• GPT-4와 웹GPT ; 또한 GPT 모델의 발전 역시 예견된 미래다. 현재
오픈AI는 온라인 경험과 챗GPT를 결합하는 '웹GPT(WebGPT)'를
계획하고 있다. 웹GPT가 다음 세대의 텍스트 모델인 GPT-4를
사용하게 된다면, 가까운 미래에 구글은 더 이상 편리한 검색처가
아닐지 모른다. 챗GPT로 사용자가 몰린다면 구글은 더 이상 검색
경험이나 검색 서비스 개발에 열을 올리지 않을 것이다. 검색 양이
줄면 그만큼의 광고 수익이 줄어들기 때문이다.

챗GPT는 분명 유용한 도구다. 그렇다면 그를 좋은 방향으로 이용하고,
올바르게 사용하려는 노력도 중요해진다. 작년 12월, 프로그래머를
위한 문답 커뮤니티인 '스택 오버플로우(Stack Overflow)'는 챗GPT의
답변을 공유하는 걸 금지했다. 이유는 사람들의 숙고와 검토로
만들어지는 믿음직한 커뮤니티를 지키기 위해서였다. 그들에게 있어
최소한의 노력은 두터운 신뢰를 만드는 원칙이다. 챗GPT의 근미래에도
이 노력은 필요하지 않을까. ⓣ

더 많은 이야기는 복저널리즘 라디오에서 만나요!

지난해 11월부터 미국 뉴욕시에서 급여공개법(Pay Transparency Law)을 시행하고 있다. 이에 따라 국내에서도 "동료의 급여를 공개하라"는 요구가 확산하고 있다. 급여공개법은 보상에 대한 논의가 아니다. 투명한 소통에 대한 요구다. __ 이다혜 에디터

길거리에서 아무나 붙잡는다. 다짜고짜 직업과 연봉을 묻는다.
사람들은 유쾌하게 자신이 하는 일과 연봉을 밝힌다. 한나
윌리엄스(Hanna Williams)가 운영하는 Salary Transparent Street은
94만 7000명의 팔로워를 거느린 틱톡 계정이다. 사람들은 다른
사람들이 하는 일과 그 가치를 궁금해한다. 내가 하는 일에 대한
확신을 얻고 싶고, 그러기 위해선 비교군이 필요하기 때문이다.

DEFINITION 급여공개법

미국 뉴욕시에서 2022년 11월 1일부터 시행하고 있다. 현재 일하는
사람들의 연봉을 공개하는 법이 아니다. 기업들이 채용 공고를 낼 때
급여 범위를 의무적으로 공개하는 법이다. 연봉의 상한선과 하한선을
명시해야 한다. 불투명한 보상(보험, 초과 수당, 복지 등)은 카운트하지
않는다. 콜로라도, 워싱턴, 코네티컷 등 미국 17개 주가 이미 비슷한
법안을 시행 중이며 캘리포니아도 올해부터 시행한다.

ⓒ사진: Elnur

독일은 지난 2018년 급여공개법을 시행했다. 근로자 200인 이상의 기업은 근로자가 요구할 시 동일 업무를 수행하는 동료와 월급을 비교할 수 있는 정보를 제공해야 한다. 400인 이상의 기업은 위 사항과 더불어 동일 노동–동일 임금 원칙에 대한 보고서를 정기적으로 제출할 의무가 있다. 도입 배경은 임금 불평등 때문이었다. 2020년 Eurostat이 유럽권 지역을 대상으로 조사한 남녀 임금 불평등 통계에 따르면 독일은 18.3퍼센트로 4위였다.

참고로 1~3위는 라트비아, 에스토니아, 오스트리아 순!

BACKGROUND 차별 방지

뉴욕시의 급여공개법 또한 성별·인종 등에 따른 연봉 차별을 막겠다는 취지다. 뉴욕시 법 집행국 LEB(Law Enforcement Bureau)의 사프나 라쥬 부국장은 다음과 같이 밝힌다. "우리의 최종 목표는 차별을 겪어 온 구직자들을 보호하는 동시에 뉴욕시의 건강한 비즈니스 커뮤니티를 만들어 가는 것이다."

• 성별 ; 남녀 임금 격차는 만성적인 문제다. 급여공개법은 이에 뉴욕시가 제시하는 새로운 형태의 정책 실험이다. 《월스트리트저널》은 남녀 임금 격차가 생각보다 일찍 시작한다는 점에 주목한다. 2022년 8월 2000개 대학에서 졸업 3년차 시점의 근로자 170만 명을 대상으로 조사한 결과, 75퍼센트 확률로 남성 평균 연봉은 여성 평균 연봉보다 높게 나타났다. 격차의 대표적인 원인으로는 마더후드 페널티(motherhood penalty)가 꼽힌다.

• 인종 ; 지난 2019년 급여 전문 데이터사 페이스케일(Payscale)이 180만 명의 근로자들을 대상으로 조사한 결과, 흑인 남성은 같은 직종과 학력의 백인 남성에 비해 2퍼센트 적게 받는 것으로 드러났다.

NUMBER 65.8퍼센트

급여공개법의 발단은 임금 불평등이었으나 문화적 흐름으로 번지고 있다. 구직자(무직, 이직 준비자 포함) 중 65.8퍼센트는 자신이 충분히 보상받지 못한다(underpaid)고 느낀다. 급여공개법이 적용된다면 근로자 입장에선 제시된 연봉이 적정 수준인지 빠르게 파악할 수 있다. 고용자 입장에선 채용 후 연봉 협상에 소요하는 시간을 줄일 수 있다.

ANALYSIS 모호성, 형평성, 특수성, 실효성

뉴욕시의 급여공개법은 초기 단계다. 다음과 같은 허점들이 지적된다.

• 모호성 ; 기업들은 급여 범위를 턱없이 넓게 설정하기 시작했다. 2022년 11월 6일 기준 아마존은 이커머스 프로덕트 매니저의 연봉 범위를 12만 1000~23만 5200달러로 공고했다. 상한선이 하한선과 두 배가량 차이 난다. 구글은 광고 프라이버시 부문 연봉 범위를 13만 5000~20만 9000달러로, JP모건은 시니어급 연봉 범위를 30~50만 달러로 제시했다.

• 형평성 ; 인사팀은 해당 법안이 시행되는 지역을 피한다. 미국 콜로라도주는 지난 2021년부터 급여공개법을 시행했다. 이후 존슨앤존슨과 CBRE를 비롯한 대기업들은 원격 근무자 채용 공고에서

"콜로라도주 거주자는 지원이 불가"함을 명시하기 시작했다.

• 특수성 ; 뉴욕시의 급여공개법은 연봉만을 취급한다. 인센티브나 초과 수당은 포함되지 않는다. 일부 직종에서 고정 연봉은 전체 급여 중 매우 작은 부분을 차지한다.

• 실효성 ; 연봉의 범위를 안다고 해서 성공적인 협상으로 이어지지 않는다. 고용 전문 변호사 트레이시 레비는 《포브스》와의 인터뷰에서 "고용자는 구직자가 제시하는 연봉 범위 중 하한선으로 협상하는 경우가 많고, 특히 여성들은 '욕심 많아(greedy)' 보이는 것을 우려해 이를 받아들인다"라고 답했다.

©사진: peopleimages.com

RISK1 사내 갈등

해당 법안이 성공적으로 안착하더라도 관련 부작용이 예상된다. 일각에선 불필요한 갈등을 부추긴다는 우려를 제기한다. 2022년 11월 미국의 이력서 템플릿 사이트 레쥬메빌더가 1200명의 미국인 근로자를 대상으로 조사한 결과, 현직 근로자들의 임금 범위를 공개하는 법안이 합법화될 경우 해당 정보를 요구할 것이라는 응답자 비율은 88퍼센트에 달했다. 응답자의 68퍼센트는 자신의 급여가 동료보다 적을 시 인사팀에 동일 임금을 요구할 것이라 밝혔다.

RISK2 연봉 인플레이션

급여공개법은 인재 전쟁을 본격화한다. 자사의 급여 범위는 경쟁사와 숫자로 비교된다. 인재 유치를 위한 연봉 경쟁은 특히 IT 직군을 중심으로 심화하고 있다. 2022년은 글로벌 물가 상승 흐름에 인건비 상승 압력이 겹친 해였다. 급여 공개는 노사 갈등을 넘어 제품 및 서비스 물가 상승으로 이어지며 사회적 악순환을 가속화할 수 있다.

지난해부터 개발자 채용 대란이 이어지고 있지!!

CONFLICT 호봉제와 내규

급여공개법은 한국에도 도입될까? 한국 채용 문화의 두 가지 특수성과 부딪친다.

• 호봉제 ; 성과 중심 보상이 이뤄지는 북미권이나 유럽과 달리 한국은 연차에 따른 보상이 유효하다. 보상이라는 개념을 두고 호봉제라는 관행과 OKR을 비롯한 새로운 평가 방정식이 부딪친다.

• 내규에 따름 ; 공기업을 제외하곤 우리나라 대부분의 기업은 "내규에 따른다"는 연봉 조건을 제시한다. 관행이었다. 플랫폼의 발달은 구직자들의 페인 포인트를 해결하며 내부 규정을 가시화하기 시작했다.

정보와 평가는 잡플래닛, 블라인드와 같은 커리어 커뮤니티에 축적되고
있다.

©사진: Voyagerix

INSIGHT 페이 커뮤니케이션

급여공개법은 단순히 큰 보상에 대한 논의가 아니다. 평가 방식의
투명한 소통을 요구하는 시대적 흐름이다. MZ세대의 40퍼센트는
서로의 연봉을 공유하고, 성과급 계산식 공개를 원하는 목소리가
커지고 있다. 자신의 능력을 숫자로 듣기 이전에 그 계산 과정을
듣고, 설득당하고 싶어 한다. 페이스케일의 조사에 따르면 현재
기업의 57.8퍼센트는 페이 커뮤니케이션(pay communication)
교육의 필요성을 간과한다. 인재 전쟁 시대의 화두가 휴먼 리소스
관리(HRM)라면, 그 첫발은 체계적인 평가 방식과 소통 매뉴얼을
마련하는 것이다.

FORESIGHT 하이브리드 워크

금전적 보상에 대한 아쉬움을 달래는 것은 조직 문화였다. 좋은

동료가 최고의 복지라는 말은 관습처럼 내려왔다. 그러나 하이브리드 워크 흐름이 가속화하며 조직 문화의 힘은 흐려지고 있다. 고급 인재 전쟁은 진행형이며 헤드헌팅의 범위는 세계로 확장하고 있다. 디지털 근무 환경에서 페이 커뮤니케이션을 비롯해 대다수의 소통은 한층 어려워졌다. 하이브리드 워크와 페이 커뮤니케이션, 충돌하기 쉬운 두 개념을 조화시킬 때 기업은 급여공개법에 발빠르게 대처할 수 있다. ☂

  더 많은 이야기는 북저널리즘 라디오에서 만나요!

우리나라 국민의 78퍼센트는 동물 실험이 '필요하다'고 생각한다. 세포 배양, 머신러닝 등 동물 실험을 대체할 신기술이 주목받고 있다. 동물 실험 시장이 축소하기 위해 중요한 것은 의료계의 목소리다.

__ 이다혜 에디터

BACKGROUND 법적 제재

동물 실험과 그 폐해에 대한 논의는 오랜 시간 지속됐다. 2013년 EU는
화장품 개발 과정에서 독성 시험의 동물 사용을 금지했고 2016년
미국에선 연방 연구 기관에서 동물 사용을 대체하거나 줄이도록 하는
법률 개정안이 통과됐다. 국내에선 2017년부터 화장품 독성 검사에서
동물 사용을 금지하는 법안이 제정됐다. 그러나 2021년 한 해 동안
한국에서 실험에 쓰인 동물 수는 488만 마리로 역대 최대치를 기록했고
최근 일론 머스크의 뉴럴링크 랩에선 1500마리의 실험 동물이 사망하며
논란이 됐다. 전 세계 동물 실험이 지속되는 이유는 무엇이며 이를
대체할 기술적 대안은 무엇인가?

DEFINITION 동물 실험

교육, 시험, 연구 등 과학적 목적을 위해 동물을 대상으로 행하는
실험이다. 주로 '실험 동물'이라는 유전적으로 최대한 균일한
상태의 생명체를 택한다. 객관적인 결과물을 도출하기 위해 키운
실험쥐(humanized mice)가 대표적이며 이외에도 조류, 어류, 파충류가
압도적인 비율을 차지한다. 돼지와 토끼 등 일부 포유류도 해당한다.
주로 의학과 생물학을 비롯한 과학 분야와 화장품, 식품 등의 분야에서
쓰인다.

KEYPLAYER 러쉬

동물 실험 논란이 거세지며 코스메틱 브랜드를 중심으로 각종
기업에도 동물 실험 반대의 목소리가 퍼지기 시작했다. 영국발

코스메틱 브랜드 러쉬(LUSH)가 대표적이다. 러쉬는 매년 동물 실험 폐지에 기여한 개인 혹은 기업에게 러쉬프라이즈(LushPrize)를 시상한다. 참고로 올해 정치 공로(political achievement) 부문에선 우리나라 더불어민주당 남인순 의원이 공동 수상했다.

©사진: LUSH KOREA

CONFLICT 윤리, 자원, 정확도

동물 실험은 크게 세 갈래의 비판을 받는다.

• 윤리 ; 2019년 농림축산검역본부에 따르면 전체 동물 실험 중 40.1퍼센트가 동물 실험 E그룹에 해당했다. E그룹은 고통의 분류 등급 5단계 중 가장 높은 단계로, '극심한 고통이나 억압 또는 회피할 수 없는 스트레스를 동반하는 경우'를 말한다.

• 정확도 ; 인간을 얼마나 동일하게 재현할 것인가, 동물 종마다 다른 결과를 보이는 약품은 어떻게 판단할 것인가 등이 지적된다. 미 국립보건원에 따르면 동물 실험을 통과한 약품의 95퍼센트가 인간에겐 효과가 없거나 위험한 것으로 나타났다.

• 자원 ; 동물 실험은 자원 집약형(resource intensive) 실험이다. 실험 동물을 육성하고 관리하는 데 많은 비용과 시간이 들어간다.

동물 실험의 95퍼센트가 부정확할 수 있다고.?

MONEY 정부와 의료계

그렇다면 연구 기관은 동물 실험의 비용을 어디서 충당하고 있을까?

• 정부 ; 미국에서 매년 정부가 동물 실험에 투여하는 예산은 160억 달러로 추산되며, 2020년 기준 미 국립보건원은 동물 실험 연구 기관에 총 420억 달러의 후원금을 냈다.

• 의료계 ; 의료 단체의 전폭적인 지원도 있다. 미 동물 실험 연구 기관의 주요 후원처는 소아마비구제협회와 미국암협회, 다발성경화증연구진흥협회 등 의료 관련 비영리 단체로 이뤄져 있다.

NUMBER 78퍼센트

오랜 논란 속에서도 동물 실험이 지속되는 이유는 무엇일까. 한국리서치가 2022년 3월 25~28일 전국 만 18세 이상 남녀 1000명을 대상으로 시행한 동물 및 동물권에 관한 조사 결과, 응답자의 78퍼센트는 동물 실험이 '필요하다'고 응답했다. 응답자의 52퍼센트는 동물 실험이 '윤리적으로 정당하다'고 답했다. 모순적으로 79퍼센트의 응답자는 동물이 '인간과 동등한 생명권을 지니며 불필요한 고통을 피하고 학대나 착취를 당하지 않을 권리'를 지니고 있다고 답했다.

이를 두고 한국리서치는 동물 실험이 과학 발전을 위한 '필요악'으로 여겨진다고 분석한다.

©사진: ARTFULLY-79

RECIPE1 피부 이식

동물 실험은 정말 필요악일까? 동물 실험을 대신할 각종 기술적 대안이 제기된다. 지난해 8월 분당서울대병원 재생의학센터는 관련 기관과 피부외 이식 관련 MOU를 체결했다. 수술 후 폐기물로 버려지는 신체 조직을 가공해 동물 실험의 대체 시험 물질로 활용하는 것이다.

RECIPE2 세포 배양

생체 외(In Vitro) 실험도 거론된다. 세포 배양 등의 기술로 인체를 유사한 형태로 구현한다.

• 인조 표피 ; 인체의 세포를 배양해 인공 조직을 개발한다. 주로 화장품 등 뷰티 업계에서의 활용도가 높다. 화장품 브랜드 로레알은 동물 실험에 대한 반발이 일자 무려 1998년 에피스킨(Episkin)이라는

인조 피부 점막을 개발해 안정성 테스트에 쓰고 있다.

• 바이오프린팅 ; 인체를 모사해 3D 프린터로 구현한다. 특정 신체 부위를 작은 칩 위에 구현한 '칩 위의 장기(Organ-on-a-chip)'가 대표적이다. 미국 펜실베이니아대학교 바이오공학과 허동은 교수 연구실의 아이온어칩(Eye-on-a-chip), 하버드대학교 생체모방공학 위스연구소의 하트온어칩(Heart-on-a-chip) 등이 있다. 이스라엘 인공지능 스타트업 큐리스테크놀로지스(Quris Technologies)가 개발한 칩 위의 환자(patient-on-a-chip)는 칩과 인공지능을 조합한 형태다.

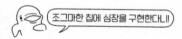
조그마한 칩에 심장을 구현한다니!!

REICIPE3 머신러닝

비물질적인 대체 실험도 거론된다. 컴퓨터상 시뮬레이션으로 인체를 구현한다. 미국 존스홉킨스대학교 동물대체시험연구센터의 토마스 하퉁 연구진은 동물 실험 없이 화학 물질의 독성을 예측할 수 있는 알고리즘을 개발했다. 머신러닝을 이용해 독성을 예측할 경우 그 정확도는 87퍼센트로, 동물 실험의 정확도(81퍼센트)보다 높다고 밝혔다. 프랑스발 3D 소프트웨어 개발사 다쏘시스템은 2015년 맞춤형 가상 심장을 3D 공간에 구현하며 화제가 됐다. 현재 가상 시뮬레이션으로 인간의 장기와 세포를 구현하는 프로젝트를 진행 중이다. 환자의 데이터와 버추얼 트윈 기술을 접목해 뇌, 폐 등의 장기는 물론이고 피부나 심혈 관계 등 신체의 전 부위를 구현하는 것을 목표로 한다.

인체를 모델화거나 유사 인체를 만드려는 시도는 20세기부터 있었다. 반세기가 넘도록 상용화되지 못한 이유는 시간과 비용의 제약이 크다. 일례로 바이오프린팅 분야에서 유일하게 코스닥에 상장한 국내 기업 T&R 바이오팹이 제작한 3D 바이오프린터의 한 대 가격은 약 2억 원이다.

©사진: guteksk7

INSIGHT 정확도, 보완재

• 정확도 ; 동물 실험이 나쁘다는 논리는 인간의 생명에 무게를 두는 여론 앞에서 힘을 잃는다. 동물 실험에 대한 논의를 단축하기 위해 필요한 것은 인간 중심 사고에 대한 비판보단 동물 실험의 정확도에 대한 비판이다.

• 보완재 ; 기술은 동물 실험의 대체재보단 보완재로서의 가능성이 점쳐진다. 동물 실험이 도입됐다고 해서 인류는 인체 실험을 멈추지 않았다. 지금도 제약 시장에서만 연간 5000명이 넘는 사람들이 임상 시험의 대상자가 된다. 다만 기술은 동물 실험의 전 단계로서 실패

확률을 급감하는 도구가 될 것이며, 실험 동물로 소비되는 개체 수는 지금에 비해 현저히 감소할 것이다.

©사진: Artem Bryzgalov

FORESIGHT 휴먼인더루프

휴먼인더루프(Human in the Loop)는 인간이 인공지능의 학습 과정에 개입해 중간 결과물을 확인하고, 학습 데이터를 조정하는 것이다. 쉽게 말해 기계적 절차의 중간에 인간이 개입해 사람들에게 신뢰감을 주는 프로세스를 포함시키는 것이다. 사람은 기계를 믿지 않는다. 기계를 다루는 기술자와 그 결과를 설명하는 의사를 믿는다. 더 나아가 그 기술자와 의사를 양성하고 배출하는 우리 사회의 교육 과정과 자격증을 신뢰한다. 수많은 동물 보호 단체들이 동물 실험의 부정확도를 역설하는 통계 자료를 배포하지만 사람들이 원하는 것은 그들이 아닌 제약사 혹은 의사 집단의 목소리다. 동물 실험을 거치지 않고도 머신러닝 등으로 구현한 의료 서비스가 안전하다고 말하는 의료계 목소리가 커질 때, 동물 실험 시장은 축소할 것이다. ☎

중요한 것은 의사들의 목소리겠군!

07 국립 공원은 유일한 정답일까?

태국의 코끼리 관광 산업이 흔들리면서 코끼리도 위험에 처했다.
생물다양성 보전을 위해 국립 공원이 해답으로 제시된다. 국립 공원만
있다면 지구 생활자를 지킬 수 있을까? __ 김혜림 에디터

코로나19의 여파와 동물 권리에 대한 관심이 높아지며 태국의 코끼리 관광 산업이 흔들린다. 좋은 일만은 아니다. 인간에게 길들여진 태국의 코끼리는 3000마리에 이른다. 이제는 야생에서 자생적으로 살아남을 수 없는 코끼리들이다. 관광 산업이 흔들리니 코끼리가 충분한 양의 음식과 물을 제공받지 못한다. 케이블과 전선이 깔린 현대 도시에서 코끼리가 인간 손을 벗어나 안전하게 살아남기는 쉽지 않다. '태국 코끼리 연합 협회'는 모든 코끼리를 해방시켜야 한다는 동물 단체의 논리가 감정적이고 멜로드라마적이라고 비판했다.

코끼리는 하루에 100리터의 물을 마신대요

KEYPLAYER 코끼리의 일

태국 코끼리 관광의 대부분은 학대에 기반을 둔다. '파잔'이라 불리는 관행은 코끼리의 야생성을 줄이고 사육사의 지시에 따라 움직일 수 있게끔 만드는 과정이다. 그렇게 길러진 코끼리는 사람을 태우고 거리를 오가지만, 생태계의 코끼리는 더 많은 일을 한다. 코끼리가 남긴 배설물은 다양한 곳에 종자를 뿌리며, 비료가 돼 식물과 나무에 풍부한 영양분을 준다. 먼 거리를 돌아다니며 나무를 쓰러트려 새로운 식물이 자랄 수 있는 토양을 만든다. 건조한 시기 코끼리가 남긴 발자국은 비가 내린 후에 다른 동물들이 쉬어갈 수 있는 작은 오아시스가 된다. 무분별한 포획과 서식지 파괴로 인해 자연을 거니는 코끼리의 개체 수는 크게 줄었다. 아프리카 숲 코끼리의 활동 반경은 자연 서식지의 17퍼센트로 위축했다.

DEFINITION 생물다양성

코끼리의 일은 사실 모든 생태계의 일원들이 하고 있는
일이다. UN생물다양성협약 제2조에 따르면 생물다양성은
육상·해상·복합생태계에서 일어날 수 있는 생물체의 변이를 뜻한다.
한 지역에 존재하는 식물, 동물, 미생물의 다양성을 뜻하는 종다양성,
그리고 사막, 삼림지, 습지대 등의 생태 환경의 다양성을 의미하는
생태계다양성, 종 내의 유전자 변이를 뜻하는 유전다양성이 포함된다.
지난 50년 동안 야생 동물의 40퍼센트가 사라진 것으로 추정된다.

ANALYSIS 먹고사는 문제

생물다양성의 필요성은 착하고 당연한 의제에만 머물지 않는다. 금융
투자 기업인 'MSCI'는 사라지는 생물다양성이 투자자들에게 중대한
위험이 되고 있다고 밝히며 기업들이 생물다양성에 투자해야 한다고
역설했다. 대부분의 산업이 농업, 어업, 숲 등의 자연 자본에 의존하고
있으며, 자연이 흡수하는 온실가스의 양이 줄어들면 기업에 대한
감시가 거세질 것이라는 이유다. 기업의 차원에서 생물다양성은 당연한
의제가 아닌, 이익과 직접적으로 연결된 '경제적인' 의제다.

KEYPLAYER 국립 공원

생물다양성을 보전하기 위한 주요 방법 중 하나로 논의되는 것이 국립
공원이다. 국립 공원은 국가의 법적 지위를 향유하는 보호 지역이다.
생물다양성과 생태계를 보호하고, 멸종 위기에 처한 생물의 서식지를
보호하는 것을 주 원칙으로 삼는다. 이뿐 아니다. 국립 공원의 주요

기능 중 하나에는 관광이 있다. 땔감을 줍거나 동물을 위협하는 등의
착취적 행위는 금지돼 있지만, 교육적인 이유에서 자연을 직접 거닐고
감상할 수 있다. 국립공원관리청(National Park Service)은 국립 공원을
직접 둘러보는 것이 미래 세대의 시민 과학자와 관리자를 양성하는
기능을 할 것이라 강조했다.

ⓒ사진: Jakob Køhn

CONFLICT 관광

다양한 이유에서 국립 공원은 주요한 관광 상품으로 자리 잡았다.
2021년 한 해 미국 내 국립 공원을 방문한 방문객은 총 2억
9711명이었다. 관광객의 영향은 결코 작지 않았다. 부엉이는 고양이의
네 배에 달하는 청력을 사용해 쥐를 잡는다. 관광객의 대화 소리와
휴대 전화 소음은 부엉이의 청력을 위협한다. 고립된 공간이라고
하더라도 소음 공해와 무관하지 않다. 그랜드캐니언의 일부 지역에서는
20분 간 43번의 비행기 소음이 들렸다. 국립 공원 관광의 부작용을
연구한 미국 존슨앤웨일즈대학교의 로렌 피네시(Lauren Finnessey)는

국립 공원이 실제로 미래 세대를 위해 만들어진 것이라면 추가적인
정책과 노력이 필수적이라 역설했다.

MONEY 205억 달러

국립 공원의 필요성을 강조하기 위한 근거 중 하나는 경제적 효과다.
국립공원관리청은 방문객들이 국립 공원을 방문하는 동안 근방의
지역에서 205억 달러를 지출했다고 밝혔다. 이는 32만 3000개의
일자리, 146억 원의 소득, 243억 달러의 부가 가치, 425억 달러의
국가 경제 생산을 지원하는 양이다. 이뿐 아니다. 탄소국경조정제도가
존재하는 시대의 탄소는 직접적인 손익 계산과 맞닿는다. 이때 국립
공원은 탄소를 줄이고 경제적 효과를 불러오는, 간편하고 유리한
선택이 된다. 지난해 12월 열린 UN생물다양성협약에서 미국은
2030년까지 국가 토지와 수역의 30퍼센트를 보존하기로 합의했다.
바이든 행정부가 제시한 여섯 개의 우선순위 중 최상단에는 더 많은
국립 공원을 만들겠다는 계획이 자리했다.

> 탄소국경조정제도는 탄소 배출에 부담금 형태의 관세를 매기는 걸 말해

RISK 녹색식민주의

UN생물다양성협약 이후 바이든의 결정에는 다양한 의견이 오갔다.
일각에서는 이로 인해 '옐로우스톤 국립 공원' 건설 시기 자행됐던
토지 수탈이 반복될 것이라는 우려가 제기됐다. 1872년 설립된 세계
최초의 국립 공원인 옐로우스톤 국립 공원은 아메리카 원주민의
땅을 유럽인이 식민화한 대표적인 사례다. 국립 공원과 인종 차별의

관계성을 연구한 한 논문은 옐로우스톤의 사례가 녹색식민주의(Green Grabbing)의 원형적 사례라고 언급했다. 녹색식민주의는 지역 주민이 거주하는 땅에서 이주하는 결과로 이어지기 쉽다. 제국주의 시대의 토지 수탈 근거가 경제 발전이었다면, 녹색식민주의의 시대에서는 환경 보호가 그 자리를 꿰찬다. 생물다양성의 감소 역시 지구가 마주한 다른 위기와 마찬가지로, 취약한 곳과 취약한 이들에게 더욱 가혹하다.

©사진: Andrew James

INSIGHT 돈의 문제

국립 공원은 생물다양성을 보전하고, 미래의 환경주의자를 키워낼 수 있다. 그러나 그것이 경제적 효용, 혹은 국제적 가이드라인을 위한 도구에만 멈춘다면 긍정적 영향력은 지속 가능하지 않을 것이다. 영국 스트래스클라이드대학교의 명예 교수 리처드 버틀러(Richard Butler)는 생태 관광이 여전히 "인류 중심"일 수 있다며 "자연이 인간에게 존재한다고 믿는 것"에 관광이 기여할 수 있다고 말했다. 비인간을 바라보는 구조가 바뀌지 않는다면, 착취적인 코끼리 관광도 사라지기 어렵다. 국립 공원이 많아진다고 해서 만질 수 있고 탈 수 있는 코끼리가 사라지는 것은 아니다.

지구가 마주한 환경 문제의 핵심은 자연의 도구화에 있다. 프랑스의 생태 철학자 브뤼노 라투르(Bruno Latour)는 "경제화에 의한 판짜기는 인간을 포함하여 지구 생활자에게 자리를 내어줄 수 없다"고 말했다. 자본과 도구화의 문제에서 벗어나 생물다양성의 미래를 어떻게 상상할 수 있을까?

• 국립 공원의 미래 ; 천연자원보호협회(NRDC)의 리사 수아토니(Lisa Suatoni)는 유전적 다양성을 위해 동물들이 다양한 서식지를 안전하고 자유롭게 오가는 시스템을 강조했다. '골든게이트 국립 공원'은 세 공원을 오갈 수 있는 회랑을 제공하고 있다. 한 걸음 더 나아가 모두가 안전하게 오갈 수 있는 새로운 형태의 도시를 상상할 수도 있다.

• 기술의 미래 ; 한 기업은 멸종 복원 기술을 개발하고 있다. 'Colossal Biosciences'는 유전학을 사용해 멸종 동물이나 멸종 위기종을 되살리는 프로젝트를 진행한다. 이들의 첫 번째 타깃은 '생태계 엔지니어'라고 불리는 코끼리다.

• 인간과 동물의 미래 ; 1990년, 동물 권리 옹호자 상둔 렉 차일러(Saengduean Lek Chailert)가 치앙마이에 연 코끼리 자연 공원은 '멸종 위기에 처한 종의 안식처가 될 것'이라는 사명을 내세웠다. 코끼리가 코끼리다운 삶을 누리고, 인간과 교감하는 과정에서 착취당하지 않게 하기 위함이다. 동물해방물결의 이지연 대표는 생추어리를 '동물과 인간이 공존할 수 있는 가능성'으로 정의했다. 동물해방물결은 꽃풀소에게 새로운 집을 선물하려 한다. 새로운 형태의

종간 공생과 교감이다.

 더 많은 이야기는 북저널리즘 라디오에서 만나요!

톡스에서 내 일과 삶을 변화시킬 레퍼런스를 발견해 보세요.
사물을 다르게 보고 다르게 생각하고 세상에 없던 걸 만들어 내는
혁신가를 인터뷰했어요.

포스트디지털 시대의 콘텐츠는 다양한 방식으로 독자와 만난다.
단행본과 잡지, 온라인 뉴스와 일간지는 세상이 만들고 소비하는
콘텐츠의 일부다. 뉴스레터는 이들과 다르다. 거름 장치나 플랫폼
특유의 레시피가 존재하지 않는 이메일에서는 누구나 자유롭게 말하고
답할 수 있다. 뉴스레터 솔루션 '스티비'의 임호열 대표에게 뉴스레터의
확장과 연결을 물었다. __ 김혜림 에디터

이력이 특이하다. 삼성전자에서 뉴스레터 제작 대행 업체 슬로워크로, 슬로워크에서 스티비로 왔는데, 처음 스티비를 시작할 때 막막하거나 힘든 점은 없었나?

삼성전자 같이 큰 조직은 보통 프로젝트에 많은 부서가 관여한다. 일을 하다가 어렵거나 막히면 다른 부서의 도움을 받을 수 있다. 그런데 직접 스티비를 만들어 보려니 대부분 처음부터, 바닥부터 내 손으로 해야 했다. 처음에는 다른 뉴스레터 솔루션들을 써보며 직접 뉴스레터를 만들어 봤다. 막막하기도, 재미있기도 했다.

어떤 솔루션을 써봤었나?

웬만한 솔루션은 다 사용해봤는데, 스티비를 출시하기 전까지 '메일침프(Mailchimp)'로 뉴스레터를 만들어 보냈다. 당시 바로 개발을 들어갈 수 있는 게 아니어서, 뭐라도 해야 한다는 생각이 있었다. 이메일 마케팅과 관련한 외국 자료를 번역해 콘텐츠를 만들어 발행했다. 덕분에 뉴스레터에 대한 관심도를 조사할 수 있었고, 구독자들이 초기 이용자로 전환되기도 했다. 지금 스티비에서 발행하는 '스요레터'는 구성이 잘 갖춰져 있는데, 그때는 얼기설기 시작했었다. 2016년에 스티비를 정식으로 출시하기 전까지 2년 정도 뉴스레터를 보냈다. 구독자로 2500명 정도를 모았던 것 같다.

메일침프를 쓰면서 불편했던 점이 있었나.

메일침프는 굉장히 쓰기 쉽다. 그런데도, 쓰다 보면 어렵다. 시작할 때는 헷갈리는 부분이 많았다. 언어 차이도 이유 중 하나일 테고,

생소한 개념이나 구성도 많았다. 예를 들어 A-B-C의 구조로 돼있어야
할 것이 B-A-C로 돼있는 경우들이 종종 있었다. 당시에는 단순하게
'이렇게 만들면 되는데, 왜 이렇게 했지?' 싶은 생각도 들었다.
스티비는 훨씬 더 쉽게 만들자는, 근거 없는 패기로 시작했다. 지금은
메일침프의 어려움을 이해한다. (웃음)

스티비에서도 생각대로 안 된 사례가 있었나?

아직 스티비에는 이메일이나 주소록을 분류할 수 있는 폴더 기능이
없다. 사람 마음이라는 게 양이 많아지면 분류를 하고 싶어지지 않나.
그래서 스티비가 만든 게 '태그' 기능이다. 태그만 있으면 폴더는
없어도 될 것 같았다. 근데 결국 만들고 보니 폴더도 필요하더라.
(웃음) 아무것도 없는 상태에서 솔루션을 생각했을 때는, 하나만
만들면 다 해결될 것 같다. 실상은 그렇지 않다. 무언가를 만들어도
부족한 점이 생겨서 다른 기능이 또 필요해진다. 그렇다고 해서 모든
기능을 만들면 솔루션이 무거워지고, 어려워진다. 좋은 솔루션이 되기
위해서는 이 둘 사이를 잘 조정해야 한다. '있으면 좋다'로는 충분하지
않고, 없으면 안 되는 것이 무엇인지 고민하는 편이다.

뉴스레터 시장도 많은 변화를 겪었다. 10년 전의 뉴스레터와
지금의 뉴스레터 시장을 봤을 때 흐름이나 맥락이 바뀌었다고
생각하는 지점이 있는지 궁금하다.

시간을 내서 읽을 만한 뉴스레터는 정말 많아진 것 같다. 예전에는
회사의 소식을 전하는 용도로 뉴스레터가 많이 쓰였다. 최근에는
뉴스레터 자체를 하나의 콘텐츠로 활용하는 사례가 늘었다.

북저널리즘의 '톡스'도 마찬가지다. 뉴스레터 자체에 대한 인식이 좋아져서 콘텐츠가 다양해진 건지, 콘텐츠가 다양해져서 인식이 좋아진 건지는 모르겠다. 지금의 뉴스레터는 여러 분야에서, 여러 주제로 다양한 이야기가 오가는 공간이다.

뉴스레터 열풍은 해외에서 먼저 불었다. 한국과 외국 뉴스레터의 경향성에도 차이가 있나?

뉴스레터로 잘 알려진 '뉴닉'과 비슷한 모델은 미국에서도 5~6년 전부터 인기를 얻기 시작했다. 이후 뉴스레터를 유료화하는 등 수익화 시도가 많아졌는데, 미국에는 전직 기자들이 유료 이메일을 발행해 뉴스레터를 1인 미디어로 운영하는 경우가 많았다. 반면 한국은 에세이, 문학 뉴스레터로 수익 모델을 만드는 경우가 많다. 이런 모델은 미국의 주류가 아니다. 한국에서는 이슬아 작가가 선구자였던 것 같다. 첫 성공 사례가 어떻게 나오느냐에 따라 비즈니스의 경향 전체가 영향을 받기도 하는 것 같다.

기존의 콘텐츠 발행 모델은 한정적이었다. 등단을 해서 출판사를 통해 책을 내거나, 블로그 등의 소셜 미디어를 이용하는 식이다. 기존의 발행 모델과 뉴스레터는 무엇이 다른가?

등단과 출판사도 하나의 플랫폼이라고 생각한다. 등단, 출판 시스템이 소비자와 공급자 사이의 거름 장치가 되지 않나. 블로그, 유튜브, 인스타그램 역시 '잘 알려지기 위한' 레시피가 존재한다. 그렇다면 각 플랫폼에 맞는 콘텐츠의 성격이 존재할 수밖에 없다. 뉴스레터에는 그런 장치가 없다. 스티비는 뉴스레터를 모아서 특정한 이들에게 노출시키는 플랫폼이 아니다. 그저 구독자를 관리하고, 이메일을 쉽게 제작해 발송하는 솔루션이다. 각각의 뉴스레터는 각자가 하고 싶은 걸 한다. 눈에 띄기 위해 노출을 좌지우지하는 누군가의 눈치를 보거나 인기 콘텐츠를 흉내 낼 필요가 없다. 스티비는 그런 점에서 기존의 플랫폼 모델과는 다르다.

일각에서는 이미 뉴스레터 시장이 포화 상태라고 진단한다. 미래에도 뉴스레터계의 새로운 스타가 탄생할 수 있을까?

충분히 가능하다고 생각한다. 작년 초에 스티비가 유료 뉴스레터를 발행하는 기능을 출시하며, 어떤 콘텐츠가 유료 뉴스레터로 이어질 수 있을지를 생각했다. 뮤지션, 작가, 기자 등 다양한 분들이 스티비로 유료 뉴스레터를 발행했는데, 그중 웹툰을 연재하는 것이 흥미로웠다. 인스타그램에서 많은 작가들이 웹툰을 연재하지 않나. 기존 플랫폼에 의존하지 않고 자신만의 팬층을 구축한 창작자들이다. 이분들에게 뉴스레터가 좋은 수익 창출의 기회였던 것 같다. 아직 뉴스레터가 개척하지 않은 분야가 많다.

유료 구독 기능은 개인이 발행하는 뉴스레터를 겨냥한 시도 같다. 개인 고객이 많이 늘었나?

마케팅과 소식지의 수단으로 메일을 보내는 고객, 메일 자체가 콘텐츠인 고객으로 이용자들을 분류한다면 후자가 두 배 정도 빠르게 늘고 있다. 마케팅을 목적으로 메일을 보내는 건 보통 기업이다. 상품과 서비스를 알리기 위한 경우가 많기 때문이다. 반면 메일 자체를 하나의 콘텐츠로 펴내는 쪽은 개인 이용자가 많다.

전문적으로 홍보팀을 꾸려 뉴스레터를 보내는 팀에 비해
개인은 들일 수 있는 인력이나 시간이 적다. 그런데도 개인이 더
재미있는 콘텐츠를 만들어낼 수 있는 이유는 뭔가?

하고 싶은 이야기를 부담 없이 할 수 있어서인 것 같다. 물론 처음부터
콘텐츠를 고민해서 많은 구독자를 모으려는 분들도 많지만, 하고
싶은 이야기로 일단 시작해 보는 분들도 많다. 스티비에서 발행되는
뉴스레터를 살펴보면 정말 별의별 콘텐츠가 다 있다. 특이하고
재미있어서 다른 곳에서는 찾을 수 없는 것들이다. 스티비는 그런
분들이 뉴스레터 발행을 이어나갈 수 있도록 돕기 위해 여러 노력을
하고 있다. 스티비 무료 사용 혜택, 뉴스레터 홍보 지원 등을 제공하는
크리에이터 트랙을 운영하고 있고, 'BE. LETTER'를 통해 재밌지만 잘
알려지지 않은 뉴스레터를 소개하고 있다.

기억에 남는 사례가 있나?

최근에 새로 알게 된 뉴스레터 중에는 '오늘 내가 깨달은 것들'이라는
뉴스레터가 기억에 남는다. 제목만 보면 굉장히 진지한 이야기들이
담길 것 같은데, 정말 시시콜콜한 내용이다. '오늘은 서브웨이에
갔는데, 이 조합이 너무 맛있었다'하는 내용을 45줄 정도 써서 보낸다.
논문을 소개하는 '초록학개론'이라는 뉴스레터도 있다. 발행자가 본인
스스로를 '논문 덕후'라고 소개하더라. 사람들이 이걸 재밌어할까
싶으면서도 직접 구독해서 읽어보면 너무 재미있다. 힘을 빼고 쓰면
나름의 재미있는 콘텐츠가 나오는 것 같고, 그게 뉴스레터의 힘인 것
같다. 두 뉴스레터 모두 최근에 'BE. LETTER'에서 소개한 뉴스레터다.

뉴스레터가 실험적이거나 확장된 콘텐츠를 시도할 수 있을까?
서신을 주고받는다든지, 오프라인으로 직접 구독자를 만나는
것도 상상이 간다.

몇 년 전 구독했던 '숨참레터'라는 뉴스레터는, 두 명이 주고받는
서신을 '숨은참조'로 받아 보는 콘셉트였다. 뉴스레터를 기반으로
유료 멤버십을 운영하는 '썸원'은 멤버십 회원들에게 독점 콘텐츠를
제공하기도 하고, 오프라인 커뮤니티를 운영하기도 한다. 실제로
오프라인 행사는 참여해 본 경험이 있다. 가수 이랑이 친구, 지인들과
함께 발행했던 '알리바바와 30인의 친구친구'라는 뉴스레터의
행사였다. 발행 시즌이 끝나고 열린 행사에 참석했다. 사실 뉴스레터를
구독하는 사람이 어떤 사람들일지 제일 궁금했다. 스티비의 고객은
뉴스레터를 발행하는 사람이지, 구독하는 사람들이 아니니까.

직접 가보니 궁금증이 해결됐나?

낯설지만 재밌었다. 다들 조용조용하시더라. (웃음)

아직 뉴스레터를 망설이는 이들에게 한 번 시작해 보라고
제안한다면?

하고 싶은 이야기가 있다면, 뉴스레터는 가장 부담 없이 시작할 수
있는 채널이다. 유튜브에 콘텐츠를 올리려면 '잘해야겠다'라는 생각이
들지 않나. 시간과 자원을 많이 들여야 한다. 근데 뉴스레터는 읽고
싶은 사람만 구독하는 시스템이다. '어차피 볼 사람은 보고 안 볼 사람
안 보겠지'의 태도가 가능하다. 한편으로는 뉴스레터를 출발점으로

삼아 그 다음 단계로 확장을 해 나갈 수도 있을 것이다. 뉴스레터는 나 스스로가 플랫폼이 되는 일이다. 그게 뉴스레터가 가진 가장 큰 장점이자 매력이다.

발행자 개개인을 더 나은 플랫폼으로 만들기 위한 스티비의 계획이 궁금하다.

최근에는 '페이지'라는 기능을 오픈했다. 아카이빙과 홍보가 어렵다는 뉴스레터의 단점을 보완하려면, 그간 발행한 뉴스레터를 쌓아 두고 브랜딩할 수 있는 공간이 필요하다고 판단했다. 뉴스레터 페이지를 중심으로, 뉴스레터를 확장하는 데 필요한 여러 기능을 붙여 나갈 생각이다. 장기적으로는 구독자 관리 차원을 고도화하려 한다. 예를 들어 기본 정보와 행동 데이터를 기반으로 구독자를 자동 분류하고, 그렇게 분류한 구독자에게 미리 설정한 시나리오로 이메일을 자동 발송하는 식이다. 뉴스레터는 일회성이 아니다. 그래서 구독자를 관리해야 하고, 계속해서 구독자가 뉴스레터를 열어 보도록 해야 한다. 스팸 메일이 될 수는 없지 않나. 스스로가 하나의 플랫폼이 돼 고객, 팬, 구독자와 관계를 직접 구축하고 관리할 수 있게 돕는 것이 스티비가 지금까지 해온 일이다. 앞으로 계속 해 나갈 일이기도 하다. ●

왼쪽 페이지 위부터 시계 방향으로
스티비 임호열 대표 ⓒ사진: 스티비
스티비 크리에이터 트랙 ⓒ사진: 스티비
스티비 '스요레터' 페이지 ⓒ사진: 스티비
스티비 브랜드키트 ⓒ스티비 ⓒ사진: 스티비
스티비 '보낸사람' 세미나 ⓒ사진: 스티비

S.YO Letter

스요레터

스타터 팀이 발행하는 뉴스레터입니다.

🔗 f 🐦 ✉ 📷 ▢

여러분의 메일을 더 알차게 하고, 더 많은 사람들에게 연결해가 아직 오늘도 멀티하는 스타터입니다. 매일함
에서 스요레터를 찾아주세요! 알찬 뉴스레터, 이제 일 마케팅 꿀팁을 가장 빠르게 전해드려요 ✏

구독하기

이미 구독하셨나요?

<

지난 뉴스레터

📧 **스요일터 꿀팁: 구독자님의 눈치챈 안 되는 기능 세 가지**
구독 인 득-꿀팁 스디에폭 대한 (기능 생더풀리)
2023. 1. 13.

📗 **이달의 스요레터, 새해에는 새 마음으로**
한 해의 시작을 좋는 뉴스레터 모음
2023. 1. 4.

💡 **스요일터 꿀팁: 2022년 인기 있었던 꿀팁**
필요한 꿀팁을 필요한 순간 챙겨갔어진 하는 마음을 담아
2022. 12. 28.

✏ **보낸사람: 2022년, 한 해 동안 만난 보낸사람**
한 해 동안 마네터(오(?)터넴이블세터넴퍼동-다시 보너브세터)
2022. 12. 21.

롱리드는 단편 소설 분량의 지식 콘텐츠예요. 깊이 있는 정보를 담아요.
내러티브가 풍성해 읽는 재미가 있어요.
세계적인 작가들의 고유한 관점과 통찰을 만나요.

달콤한 환상, 제로칼로리

대다수의 성인은 하루에 2000칼로리에서 2600칼로리 정도의 열량만 섭취하면 충분하다. 이 사실은 지속적으로 성장하기를 원하는 기업에게 문젯거리다. 감미료가 이에 대한 해결책이었다. 다국적 기업은 일반적으로 사람에게 필요한 것보다 더 많은 양의 식품과 음료를 팔기 위한 수단으로 감미료를 사용했다. 그렇게 하면 일일 칼로리 한도를 넘지 않았기 때문이다. _ 비 윌슨(Bee Wilson)

©일러스트: Sam Taylor

몇 달 전 영화관에서 나는 한 남자의 뒤에 서 있었다. 그의 두 아들이 푸른색 슬러시 음료인 탱고 아이스 블라스트(Tango Ice Blast)를 사도 되는지 물었다. 달콤한 팝콘과 함께 슬러시를 먹겠다는 것이었다. 아빠는 잠시 머뭇거렸다. 그는 아이들에게 오늘 설탕이 들어간 음식을 이미 너무 많이 먹었다고 말했다. 그러자 아이 한 명이 대답했다. "하지만 이건 무설탕이에요." 그걸로 협상은 끝났다. 아이들은 각자 음료를 들고 기쁘게 영화관 안쪽으로 들어갔다.

    설탕이 공공의 적 1호로 널리 여겨지는 시대에, 저칼로리 첨가제로 단맛을 낸 무설탕 음료와 간식들은 죄책감 없는 달콤함을 약속한다. 어떤 사람들은 살을 빼거나 식단을 조절하기 위해 일부러 저설탕 제품을 선택한다. 그리고 어떤 사람들은 그런 맛 자체를 즐긴다. 그러나 굳이 그런 제품을 찾으려 애쓰지 않아도, 인공 감미료를 피하기는 어렵다. 2021년에 홍콩에서 판매되는 식품을 연구한 연구자들은 무설탕 껌처럼 당연히 감미료가 들어 있을 거라고 예상했던 제품뿐 아니라 샐러드의 드레싱, 빵, 인스턴트 국수, 그리고 감자칩에도 감미료가 들어 있다는 사실을 발견했다. 이처럼 감미료는 우리 식단의 일부가 됐다. 환경과학자들은 이제 인류가 호수와 강물에 버리는 폐기물의 지표로 감미료의 흔적을 추적한다. 특히 아세설팜칼륨(acesulfame potassium)이라는 물질은 대부분 소화되지 않은 채 인체를 통과하기 때문에 주로 이것을 추적하고 있다.

감미료의 부상은 어떤 면에서 보자면 2010년부터 세계 40개국 이상에 도입된 설탕세(sugar tax)가 놀라운 성공을 거두었음을 의미한다. 영국에서는 '아동 비만 해결'이라는 계획의 일환으로 2016년 소프트드링크에 산업부담금을 도입하겠다고 발표했고, 2018년부터 전면 시행했다. 그렇게 도입된 설탕세는 100밀리리터당 8그램 이상의 설탕이 첨가된 음료의 제조사가 리터당 24펜스를 내도록 하는 것이었다. 영국 내 거의 모든 주요 소프트드링크 브랜드가 자사 제품에서 설탕의 함량을 줄였고, 그렇게 잃어버린 단맛을 몇몇 인공 대체물로 바꿨다. '오리지널' 코카콜라와 '파란색' 펩시 같은 소수의 음료들만이 원래의 레시피를 유지했다. 그러나 오리지널 음료들은 무설탕 음료에 비해 가격이 더 비쌌기 때문에 판매량이 떨어졌다. 2019년에는 코카콜라 판매 소프트드링크의 60퍼센트, 펩시 판매 소프트드링크의 83퍼센트가 무설탕 제품이었다. 요즘은 몬스터(Monster)나 루코제이드(Lucozade) 같은 '에너지 드링크'조차도 몬스터 앱솔루틀리 제로(Monster Absolutely Zero)나 루코제이드 제로 핑크 레모네이드(Lucozade Zero Pink Lemonade) 같은 이름의 무설탕 제품으로 출시되는데, 이런 에너지 드링크에서 일반적으로 에너지를 제공하는 성분이 설탕이라는 사실을 고려하면 이해하기 어려운 개념이다.

'감미료'는 다양한 화학 물질을 한꺼번에 아우르는 용어다. 대부분은 동일한 질량으로 비교했을 때 설탕보다 훨씬 더 단맛이

나지만, 열량은 거의 없거나 전혀 없다. 미국에서 사용이 허가된 어드밴팀(advantame)이라는 감미료는 설탕보다 2만 배나 더 달다. 껌에 흔히 사용되는 자일리톨(xylitol) 같은 감미료는 설탕과 비슷하다.

많은 공공보건 전문가들이 왜 설탕의 대안으로 이 감미료들을 따뜻하게 바라보는지 파악하기는 어렵지 않다. 일상적으로 설탕을 많이 섭취하면 제2형 당뇨, 심장병, 뇌졸중의 발병 위험이 높아진다는 사실은 분명하며, 체중 증가나 충치는 말할 것도 없다. 초콜릿 브라우니와 바클라바(baklava, 오스만 제국의 문화권에서 즐겨 먹는 페이스트리 형태의 간식)를 비롯해 수백 가지의 달콤하고 사랑스러운 먹을거리들을 좋아하는 나는 그 반대였으면 얼마나 좋았을까 하고 생각한다.

여러 설탕 관련 문제와 비교했을 때, 인공 감미료의 건강상 이점에 대해 주기적으로 제기되는 주장은 크게 세 가지다. 그것도 역시 체중, 당뇨, 치아와 연관이 있다. 국제감미료협회(ISA)가 운영하는 업계 웹사이트에 따르면, 감미료는 칼로리가 없기 때문에 체중 관리에 효과가 있고, 혈당 수치에 미치는 '영향이 없다'고 추정되기 때문에 당뇨병을 가진 사람들에게 유용하며, 설탕과는 다르게 충치를 촉진하지 않아 구강 건강에도 도움이 된다고 한다.

전 세계의 공공 보건 단체들은 감미료 산업계의 주장을 대체로 수용했다. 특히 당뇨병 관리에 대해서는 더욱 그랬다. 영국 국민보건서비스(NHS)의 웹사이트에 실린 글에는 한 영양사의 말이 인용됐는데, 그는 "감미료는 당뇨병을 가진 사람들에게 정말 유용한 대체재다. 혈당 수치를 관리하면서도 자신이 좋아하는 음식을 즐길 수 있기 때문"이라고 설명한다.

그러나 감미료가 그토록 많은 제품에 들어가게 되자, 과연 감미료에 정말로 위와 같은 이점이 있는지 의문이 제기되고 있다.

지난 7월, 세계보건기구(WHO)는 '비설탕 감미료' 가이드라인의 새로운 초안을 발표하면서 다이어트 소프트드링크 업계를 경색시켰다. WHO의 연구원들은 감미료가 인간에게 미치는 영향에 대한 연구 수백 개를 조사하면서 관련 과학 증거들을 대대적으로 다시 검토했다. 그들의 발견은 너무나도 놀라웠다.

업계 측에 유리한 방향으로 제기되는 주장과는 다르게, 연구진은 감미료를 많이 섭취하면 제2형 당뇨병의 발병 위험 증가는 물론이고 심장병 발병 위험 증가와도 관련이 있다는 일관된 증거를 발견했다. 비슷하게, 그들은 감미료를 많이 섭취한 사람들은 장기적으로 체중이 증가할 가능성이 더 크다는 사실도 발견했다. 다만 해당 보고서는 다음과 같은 사실도 언급한다. 3개월 미만으로 진행된 단기 연구에 의하면 설탕 함유 음료를 감미료 함유 제품으로 바꿨을 때 체중이 0.71킬로그램 정도 감소하는 것으로 나타났다.

심지어 구강 건강과 관련해서도, 연구진은 감미료 때문이라고 추정했던 효과가 확실하지는 않은 것을 발견했다. 어떤 연구에서는 스테비아(stevia)라는 감미료를 일상적으로 사용하면 아이들이 충치에 걸릴 위험을 줄일 수 있다고 주장했지만, 또 다른 연구에 의하면 인공 감미료가 함유된 음료를 하루에 250밀리리터 이상 섭취한 아이들은 설탕이 든 소프트드링크나 에너지 드링크를 마신 아이들보다 충치로 고통받을 가능성이 더 컸다. 이는 칫솔질 및 경제적 특권의 수준을 조정한 다음에도 마찬가지였다.

그리하여 WHO의 가이드라인 초안에는 비설탕 감미료를 "체중 조절 또는 당뇨병이나 심장병과 같은 비전염성 질병(NCD)의 위험을 줄이기 위한 수단으로 사용해서는 안 된다"라는 말이 들어갔다. 순식간에 감미료는 '건강한' 대안이라고 주장했던 모든 근거가 매우 위태로워졌다. 감미료에 대한 WHO의 최종 가이드라인이 위의 초안과 얼마나 다를 것인지는 여전히 지켜봐야 한다. 지난여름 내내 피드백을 얻기 위해 공개적인 논의가 열렸고, 이후 해당 가이드라인은 외부의 전문가 패널에 의해서 동료 평가를 거칠 것이다. 그리고 최종적인 가이드라인은 2023년 4월에 나올 예정이다.

코카콜라와 펩시를 비롯해 감미료 업계의 거대 기업인 카길(Cargill) 등을 회원사로 두고 있는 산업 단체 칼로리제어위원회(Calorie Control Council·CCC)는 WHO의 가이드라인 초안에 "실망했다"면서, 감미료가 "체중 및 혈당 수치 관리에 도움이 된다고 입증됐다"고 주장했다. 그러나 이 주장을 비롯한 다른 주장들에 대해서도, 현재 의문이 제기되고 있다.

인공 감미료가 감추고 있는 것

킹스칼리지런던(King's College London)의 유전역학 교수이자《생명을 위한 먹을거리: 잘 먹기의 새로운 과학(Food For Life: The New Science of Eating Well)》의 저자인 팀 스펙터(Tim Spector)는 건강과 관련된 인공 감미료의 효능에 대해 오랫동안 의구심을 품어 왔다. 그는 약 10년 전까지만 하더라도 다이어트 콜라를 많이 마셨다. 그러다 감미료에 대한 글을 읽게 되었고, 대규모의 인구 연구(population study, 공통적인 특징을 공유하는 인구 집단을 대상으로 진행하는 연구)에서 인공 감미료가 체중 감소에 도움이 되지 않는 것으로 보인다는 사실을 발견하고는 깜짝 놀랐다. (인공 감미료에) 칼로리가 거의 없다는 사실을 고려했을 때, 이것은 이상한 사실이었다.

스펙터는 자기 스스로를 실험체로 활용해 한 가지 실험을 하기로 결정했다. 그는 자신의 몸에 혈당 측정기를 달았다. 그리고 차와 커피에 설탕 대용으로 아주 흔하게 사용되는 스플렌다(Splenda)의 주재료인 수크랄로스(sucralose) 한 포를 삼켰더니 혈당이 설탕을 섭취했을 때처럼 치솟았다. 올해 초 전화로 이야기를 나눴을 때, 스펙터는 이렇게 말했다. "그렇게 되면 안 되는 거였습니다." 물론 사람 한 명에 대한 실험이 동료 평가를 거친 엄밀한 과학으로 인정되지는 않는다. 그리고 스펙터는 동료들에게서도 그런 현상을 재현하려 시도했지만, 그들의 몸은 스플렌다에 대해서 스펙터와 동일하게 반응하지 않았다. 스펙터는 당시 감미료가 인체에 미치는 효과에 대한 실험 데이터가 터무니없이 부족하다는 사실을 깨달았다고 한다. "지난주 금요일까지만 하더라도 그랬죠!" 그가 들뜬 목소리로 외쳤다. 계속해서 그는 이스라엘 텔아비브의 남쪽에 있는 바이츠만과학연구소(Weizmann Institute of Science)의 면역학자인 에란 엘리나브(Eran Elinav) 교수의 논문에 대해서 이야기했다. 엘리나브의 연구는 스펙터가 생각만 하고 입증은 불가능했던 것을 확인시켜 주는 것 같았다.

업계의 지지를 받는 핵심적인 주장은 감미료가 신진대사적으로 '비활성'이라는 것이다. 즉, 감미료는 신체의 나머지 부분에 어떤 방식으로도 영향을 주지 않으면서 입이 갈망하는 달콤함을 전달할 수 있다는 것이다. 그러나 엘리나브가 이스라엘, 미국, 독일에 있는 20여 명의 동료와 함께 연구해 지난 8월 저명한 과학 저널《셀(Cell)》에 게재한 논문은 이 주장에 심각한 의문을 던진다.

이 연구에서는 이전 6개월 동안 감미료를 전혀 섭취한 적이 없는 성인 120명을 여섯 개의 그룹으로 나눴다. 이 중에서 네 개의 그룹에는 각각 특정한 감미료가 주어졌다. 그리고 나머지 두 개의 그룹은 대조군으로 분류됐는데, 한 그룹에는 포도당이 주어졌고, 나머지 한 그룹에는 아무것도 주어지지 않았다. 각 그룹은 2주 동안 매일 하루에 두 번씩 자신에게 주어진 물질을 한 포씩 섭취했다. 연구진은 참가자들의 대변 시료에서 혈당 수치와 미생물들을 점검했다.

이 연구의 결과는 놀라웠다. 아스파탐(aspartame)과 스테비아, 이 두 가지의 감미료는 혈당에 별다른 영향을 미치지 않는 것으로 나타났다. 그러나 다른 두 가지인 수크랄로스와 사카린(saccharin)을 섭취한 참가자들은 모두 혈당 수치가 올라갔다. 수크랄로스 그룹에서는 일부 참가자들의 혈당 수치가 다른 사람들에 비해서 훨씬 더 높았다. 이는 특정 감미료에 대한 신체적인 반응이 개인에 따라 큰 차이를 보일 수 있음을 보여 준다.

엘리나브가 수크랄로스와 사카린에 대해 찾아낸 사실은 인공 감미료가 혈당 수치에 영향을 미치지 않는다는 수십 년간 지속된 공중 보건상의 통설과 정면으로 배치된다. 게다가 실험 대상이었던 네 가지 감미료 모두 인체 마이크로바이옴(내장의 박테리아)을 높은 혈당 수치와 연관된 방식으로 변형시키는 것으로 나타났다. 대조군에서는 이러한 변화가 나타나지 않았다. 스펙터의 설명에 의하면, 이는 감미료 중 그 어떤 것도 이전의 생각처럼 인체에 '비활성'이 아니라는 사실을 말해 준다. "감미료는 우리의 내장 미생물들에게 영향을 줍니다. 그중 가장 나은 물질이라고 할 수 있는 스테비아조차도 말입니다." 스펙터의 말이다.

우리는 이 결과를 어떻게 받아들여야 할까? 서식스대학교(University of Sussex)에서 과학정책 연구를 수행하고 있으며 감미료가 인간의 건강에 미치는 영향을 거의 40년 동안 연구하고 있는 에릭 밀스톤(Erik Millstone) 교수도 스펙터의 견해에 동조했다. 그는 《셀》에 실린 이 연구가 감미료는 "많은 이들이 그전까지 생각했던 것처럼 신진대사적으로 비활성이 아니"라는 사실에 대한 "압도적인 증거"를 제공했다며 추켜세웠다. 다른 전문가들은 좀 더 신중했다. 뉴욕대학교(NYU)의 영양학자인 매리언 네슬(Marion Nestle) 교수는 이 연구가 "인상적"이라고

말하면서도, 인체 마이크로바이옴의 어마어마한 복잡성을 고려할
때, 감미료가 미생물을 통해서 혈당 반응에 커다란 영향을 미친다고
주장할 수 있을 정도로 충분히 알지는 못하는 것 같다고 여겼다.
노스캐롤라이나대학교(UNC)의 저명한 영양학 교수인 배리 팝킨(Barry
Popkin)은 이것이 "중요한 연구"라는 데 동의하면서도, 자신은 단지
하나의 논문에만 초점을 맞추기보다는 감미료에 대한 "연구 전체"를
살펴보고 싶다고 말했다.

엘리나브가 과학계에서 처음으로 일부 감미료는 혈당 수치를
증가시킬 수도 있다고 주장한 것은 아니다. 퍼듀대학교(Purdue
University)에서 신경과학 및 행동을 연구하는 수전 스위서스(Susan
Swithers) 교수는 거의 40년 동안 인공 감미료가 설치류에게 미치는
영향을 연구했다. 그녀는 인공 감미료를 투여한 쥐들에게서 혈당
수치가 상승한다는 사실을 발견했으며, 또한 그런 쥐들이 "일반적인
식단을 더 많이 먹고, 몸무게가 더 늘어나며, 칼로리 높은 설탕으로
단맛을 낸 식이 보충제를 받은 쥐들보다 더 뚱뚱하다"는 걸 발견했다.
다시 말해서, 쥐들에게서는 우리가 예측할 수 있는 것과 정반대의
효과가 나타났던 것이다. 감미료는 쥐의 혈당 수치를 높이며 체중
증가를 야기하는 것으로 보였다.

사람은 쥐가 아니며, 동물 실험은 감미료가 인간에게 미치는
영향의 극히 일부분만을 알려 준다. 그러나 이 연구들은 사람이
참여하는 대규모의 인구 연구들과 함께 살펴보기 위해 설계된 것이다.
WHO가 새로 제시한 가이드라인 초안의 기초는 그러한 인구 연구다.
지난 9월, 영국의학저널(BMJ)은 비슷한 연구를 발표했다. 프랑스인
성인 10만 명 이상이 참여한 이 연구는 인공 감미료가 심장병 위험
증가와 관련이 있을 수도 있다는 것을 발견했다. 연구진은 이 결과가
감미료들이 "설탕에 대한 건강하고 안전한 대체물로 여겨져서는 안

되는 것"임을 시사한다고 말했다.

동물 연구와 마찬가지로, 대규모의 관찰 연구들 역시 그 자체로 결정적이지는 않다. 이 연구들은 그 특성상 감미료가 어떤 결과를 야기한다는 걸 입증하기보다는, 감미료와 (그것 때문이라고 여겨지는) 역효과 사이의 상관관계를 보여줄 뿐이다. 많은 사람들이 특히 체중 감량을 목적으로 감미료로 돌아섰다는 사실을 고려하면, 늘어난 체중과 감미료 사이에 보이는 이러한 상관관계는 오히려 역인과 관계일지도 모른다는 의심이 존재한다. 그러니까 마치 감미료가 체중 증가를 야기하는 것처럼 보이지만, 실제로는 과체중인 사람들이 감미료를 섭취할 가능성이 더 높을 수도 있다는 것이다.

그러나 건강상의 위험성을 확인하는 데 있어서 최선의 방법은 이러한 상관관계를 확인하고 동물 연구를 수행하는 것이 전부인 경우가 많다. 20세기 중반에 밝혀진 담배와 폐암 사이의 연관성은 전적으로 이런 유형의 연구를 기반으로 수립됐다. 비설탕 감미료 문제에 대해 WHO는 인구 연구에 초점을 맞췄으며, 해당 연구의 저자들은 각 개인의 알코올 섭취량과 신체 활동 수준 같은 교란 인자들을 조정하기 위해 최선을 다했다. 당뇨병 관련 연구에서도 해당 저자들은 체질량 지수를 조정했으며, 체중과는 관계없이 많은 양의 감미료를 섭취한 사람들에게서 전반적으로 당뇨병의 위험성이 더욱 높은 것으로 나타났다.

감미료가 이전의 주장처럼 건강에 반드시 이로운 것은 아니라는 징후를 우리는 왜 이리 느리게 알아차렸을까? 조지워싱턴대학교(George Washington University) 운동영양과학과의 부교수인 앨리슨 실베츠키(Alison Sylvetsky)는 최근에 《뉴사이언티스트(New Scientist)》와의 인터뷰에서 체중 관리 및 당뇨와 같은 만성 질환과 관련해 "저칼로리 감미료가 유익하지는 않으며 실제로는 역효과가 있을 수도 있다"는 증거가 점점 더 늘어나고 있다고 했다. 그런데 인공 감미료의 역사를 살펴봐도, 인공적으로 단맛을 낸 저칼로리 음료들이 실제로 체중 감소 및 혈당 관리에 도움이 되는지에 대한 질문은 거의 검토되지 않았다. 우리가 해결해야 하는 초미의 문제는 다른 것이다. 인공 감미료가 암을 유발하는가?

알약 형태의 인공 감미료 ©사진: Viktor Fischer

위험할지도 모른다

유명한 인공 감미료의 기원에 대한 이야기는 대부분 연구소에서 실험이 잘못되는 것으로 시작한다. 이 패턴은 콘스탄틴 팰버그(Constantin Fahlberg)라는 화학자가 새로운 식품 보존제의 발견을 위해 존스홉킨스대학교(Johns Hopkins University)에서 콜타르의 파생물을 연구하던 중인 1879년에 시작됐다. 전설에 따르면 일련의 실험들을 끝마친 어느 날, 팰버그가 자신의 손가락을 핥았는데 그 맛이 어찌나 달콤한지 깜짝 놀랐다고 한다. 그는 이 제품을 완벽하게 만들기 위해 비밀리에 연구하기 시작했고, 여기에 사카린이라는 이름을 붙였다. 1893년의 시카고 만국박람회에서

마침내 사카린을 공개했을 때, 팰버그는 사카린이 "완벽하게 무해한 향신료"이며 "최고의 설탕"보다 500배나 더 달콤하다고 홍보했다. "향신료"라는 단어는 사카린의 기원이 산업적이라는 점과 그것이 석탄의 부산물인 콜타르로 만들어졌다는 사실을 교묘하게 감췄다.

사카린은 초기에 엇갈린 평가를 받았다. 20세기 초에 사카린은 완벽하게 천연인 설탕에 반대되는 값싸고 역겨운 가짜의 대명사였다. 당시만 해도 설탕은 아직 문제 되는 식품이 아니었다. 1908년, 당시 미국 식품의약국(FDA)의 국장이었던 하비 와일리(Harvey Wiley)는 불순한 첨가물이었던 사카린을 식품 공급 체계에서 제거하려 했다. 하지만 주치의가 무설탕 식단을 처방해 준 이후 사카린을 사용하던 시어도어 루스벨트(Theodore Roosevelt) 대통령이 직접 개입해 사카린 금지를 막았다. 1977년에도 사카린 과다 복용이 쥐들에게서 방광암을 유발한다는 사실을 보여 주는 연구에 힘입어 다시 한번 사카린을 금지하려 시도했지만, FDA는 또 다시 실패했다.

사카린은 20세기를 거치며 몇 번이고 반복되는 이야기의 패턴을 수립했다. 그러니까 예컨대, 어떤 뛰어난 과학자가 설탕보다 단 맛이 몇 배는 강한 새로운 기적의 물질을 발견한다. 그 물질은 식품 공급 체계에 도입되지만 안전성에 대한 우려로 인해 식품 산업계는 다음의 기적적인 감미료를 찾기 위해 또 다른 광적인 연구에 착수한다. 사카린 다음의 놀라운 감미료는 사이클라메이트(cyclamate)였다. 1930년대에 발견된 사이클라메이트는 1950년대에 가정용 기본 재료가 되었고, 그러다 1969년에 쥐들에게서 방광암의 발병과 연관이 있다는, 사카린과 비슷한 이유로 금지됐다.

그러다 아스파탐이 나타났다. 아스파탐은 다른 무엇보다도 오늘날의 무설탕 음식 풍경을 만들어 낸 주역이다. 감미료에 대한 훌륭한 역사서《공허한 기쁨(Empty Pleasures)》(2010)의 저자 캐롤린

데 라 페냐(Carolyn de la Peña)는 아스파탐이 "쓴 뒷맛도 없고 칼로리도 없는" 다이어트 음료를 만드는 데 사용될 수 있었던 최초의 감미료였다고 설명한다. 2005년이 되자 아스파탐은 다이어트 콜라와 다이어트 펩시를 포함해 전 세계 6000개 이상의 식품과 음료 제품에서 사용됐다.

아스파탐의 안전성에 대한 의구심은 지난 20여 년 동안 이어졌다. 대표적으로 이탈리아의 라마치니연구소(Ramazzini Institute)는 2006년부터 2010년까지 아스파탐이 쥐와 생쥐들에게서 악성 종양을 유발한다는 결과를 보여 주는 연구를 다수 발표했다. 하지만 유럽식품안전국(EFSA)이 2013년 수행한 아스파탐의 영향에 대한 조사에서는 아스파탐이 일반인에게 안전하다고 결론 내렸고, 여기에는 유아, 아이, 임신한 여성도 포함됐다. EFSA는 '하루 허용 섭취량(ADI)'을 설정했다. 이는 '안전한' 것으로 여겨지는 감미료의 최대 섭취량을 의미한다. 여기서 정한 아스파탐의 하루 섭취 제한을 넘어서려면, 체중 60킬로그램의 성인이 다이어트 탄산음료를 하루에 12~36캔 정도 마셔야 한다.

그러나 서식스대학교의 에릭 밀스톤을 비롯한 일부 과학자들은 여전히 회의적이다. 밀스톤은 최근 식품 산업계가 로비 활동과 연구 자금 지원을 통해 아스파탐을 비롯한 감미료들의 잠재적 위험성을 과소평가하고 규제 승인을 원만하게 받을 수 있게 만들었다고 주장했다. 2016년에 발표된 "연구들에 대한 검토"는 "인공 감미료 업계의 후원을 받은 연구들은 업계의 후원을 받지 않은 연구들에 비해 우호적인 결과를 가질 가능성이 더욱 높았다"고 언급하며, 이러한 연구들은 편향될 위험이 아주 높다는 사실을 발견했다.

2022년 11월 현재 세계적으로 21억 달러 규모에 달하는 감미료 산업은 소비자에게 감미료가 안전하다고 안심시키기 위한 로비와 홍보 활동에 거액의 비용을 지출하고 있다. 2010년부터 2015년까지 코카콜라는 CCC에 170만 달러 이상을 기부했다. 2013년에 당시 CCC의 위원장은 퍼듀대학교 측에 스위서스 교수의 논문에 대해 항의하는 편지를 보냈다. 해당 논문은 감미료가 체중 증가 및 당뇨의 위험을 높일 수도 있음을 보여 주는 증거를 제시하고 있었다. CCC는 퍼듀대학교 측에게 "편향된 과학의 홍보"를 중단하라고 요구했다. 스위서스는 이를 "위협 전술"이라고 말하며, 자신의 논문은 동료 평가를 거쳤다는 사실을 언급했다.

그러나 감미료와 암을 둘러싼 20세기의 이 모든 소동이 지나간 뒤에도 감미료가 인간에게 암을 유발한다는 독자적인 증거는 거의 없었다는 점이 중요하다. WHO의 새로운 보고서에서 그들은 비설탕 감미료와 암 발병 사이의 연결 고리를 조사한 48건의 연구를 살펴봤다. WHO는 방광암을 빼고는 암 발병과의 별다른 연관성을 발견하지 못했다. 또한 방광암 관련 사실의 기반은 "확실성이 매우 낮은 증거"이기 때문에 추가적인 연구가 필요하다. 감미료에 대한 수많은 오래된 괴담과는 대조적으로, WHO는 다이어트 탄산음료의 과다 섭취와 뇌종양 또는 유방암 사이에 통계적으로 유의미한 연관성을 발견하지 못했을 것이다.

그러나 감미료가 암을 유발하는지를 묻는 것만이 "안전한"지 판단할 수 있는 유일한 방법은 아니다. WHO의 새로운 가이드라인 초안이 이전까지와는 근본적으로 다른 출발인 이유가 여기에 있다. 이번 연구는 특정한 감미료나 발암성 여부만을 다루지 않았기 때문에 이전보다 훨씬 더 포괄적이다. 여기서 지적하는 "건강상의 영향(특히 장기적인 체중 증가 및 제2형 당뇨병의 위험 증가)"은 특정한 감미료가 아니라 감미료 전반에 대한 것이다. 또한 단순히 설탕을 감미료로 대체하는 것만으로는 "전반적인 식단의 질"을 개선하지 못한다고 언급한다. WHO는 설탕을 감미료로 전환하기보다는 과일 등 "가공이 덜 된 달지 않은 식품과 음료"를 더 먹는 것이 낫다고 말한다. 감미료를 많이 함유한 먹을거리들은 사람들을 건강함과는 거리가 먼 "고도로 가공된 식품과 음료"로 구성된 식단으로 몰아넣는다.

아스파탐을 함유한 다이어트 콜라 ⓒ사진: Stockimo

달콤함을 갈망하는 이유

2019년, '첫걸음 영양 신탁(First Steps Nutrition Trust)'이라는 자선 단체의 공중 보건 영양사인 비키 십슨(Vicky Sibson)은 영국의 인공 감미료 및 아이들의 식단에 대한 보고서를 공동으로 작성했는데, 어린 아이들에게 감미료를 주지 말아야 한다는 공중 보건상의 명확한 메시지가 없다는 사실을 확인하고는 깜짝 놀랐다. 유아식 제조 업체들은 자사의 제품에 감미료를 첨가하는 것이 허용되지 않는다. 감미료는 첨가제로 분류되며 유아용 식품과 음료에는 모든 첨가제가 금지되기 때문이다. 그러나 대부분의 가정에서는 아이들이 일찍부터 어른들과 동일한 음식을 먹기 때문에, 그러지 말라는 조언이 부재한

상황에서는 많은 아이들이 결국 어린 나이부터 감미료를 섭취하게
된다.

우리는 감미료가 아이들의 신체에 미치는 영향을 잘 모른다.
그 이유를 십슨은 이렇게 설명한다. "(감미료의 영향에 대한)
증거가 대부분 성인에게 초점이 맞춰져 있기 때문이다." 그러나
어떤 아이들은 태어나기도 전부터 감미료로부터 악영향을 받는다는
징후가 있다. WHO가 수행한 메타분석(meta-analysis, 기존의 연구
문헌들을 대상으로 수행하는 연구 기법)에서는 임신한 여성이 많은
양의 감미료를 섭취했을 때 조산 위험이 25퍼센트 더 높다는 사실을
발견했다. 한편, 캐나다에서 수행한 대규모 연구에 의하면, 임신 중에
매일 다이어트 탄산음료를 마신 엄마의 아이들이 만 1세에 과체중일
가능성이 두 배 이상 높았다. 하지만 이러한 인과 관계와 상관관계에
대해서는 조심스럽게 접근해야 한다. 연구진은 엄마들의 BMI 수치와
식단의 질을 조정한 후에는 이런 연관성이 조금 줄어들긴 했지만,
여전히 남아 있었다는 사실을 발견했다.

십슨은 아이들의 식단에서 감미료를 빼야 하는 이유를 다음과
같이 설명한다. 아이들이 감미료를 더욱 많이 섭취할수록 단맛에 대한
미각이 발달하기 때문에 설탕이 들어 있든 그렇지 않든 모든 형태의
단맛을 갈망하게 된다는 것이다. 미국에서 앨리슨 실베츠키(Allison
Sylvetsky)가 수행한 연구에서는 다이어트 탄산음료를 더 많이 마신
어린이와 청소년들도 결국은 물을 마시는 아이들보다 설탕을 더 많이
섭취하게 된다는 사실을 발견했다.

이것은 모든 감미료에 공통으로 적용되는 문제다. 십슨은
감미료가 설탕만큼 해롭지는 않다는 생각이 감미료를 더욱 많이
섭취하게 만든다고 지적한다. 배리 팝킨(Barry Popkin)은 감미료가
어린 아이들에게서 "단맛 선호"를 이끌어 내는 역할을 하는 것에 대해

우려하는 또 한 명의 영양학 전문가이다. 팝킨은 멕시코가 새로운 식품표시법을 추진하는 과정에 기여했다. 2020년에 발효된 이 법률에 의하면 멕시코에서는 감미료를 함유한 모든 식품이나 음료는 이제부터 "감미료를 함유하고 있으며, 아이들에게 권장하지 않음"이라는 검은색 경고 표시를 부착해야 한다. 콜롬비아에서도 조만간 비슷한 표시를 부착하게 될 것이다.

내가 이야기를 나눠 본 전문가들은 모두 현재까지 건강을 위한 최선의 답안은 덜 단 식단에 익숙해지는 것, 그리고 (단맛이 설탕에서 나오는 것이든 아니면 감미료에 의한 것이든) 단맛이 나는 음료보다는 그냥 물이나 달지 않은 차로 갈증을 해소하는 방법을 배우는 것이라고 강조했다. 그러나 감미료를 포기하는 것은 쉽지 않다.

1977년 워싱턴DC에서 사카린 금지 법안에 반대하는 시위 ⓒ사진: Bettmann Archive

대가 없는 쾌락은 없다

1987년, 아스파탐을 처음 출시한 뉴트라스위트(NutraSweet)의 당시 회장이었던 밥 샤피로(Bob Shapiro)는 서양 문화에서 "가장 중요한 규칙" 중 하나로 즐거움에는 대가가 따른다는 것을 꼽았다. 그리고 샤피로는 이렇게 덧붙였다. "우리가 사람들에게 말하는 건 '여러분은 대가를 치르지 않고도 즐거움을 얻을 수 있다'는 것입니다. 그러니까, 공짜 점심이 있다는 말입니다."

현대의 음식 이야기에서 감미료는 판매하는 사람들이나 소비하는 사람들에게 모두 "공짜 점심"이었다. 대형 식품 회사들에게 감미료는 상품의 수익성과 맛의 유지 측면에서 모두 핵심적인 역할을 했다. 감미료는 단지 설탕보다 훨씬 저렴할 뿐만 아니라, 식품 산업이 우리에게 더욱 많이 구입하고 소비하도록 설득하는 중심적인 메커니즘 가운데 하나이기도 했다. 대다수의 성인은 하루에 2000칼로리에서 2600칼로리 정도의 열량만 섭취하면 충분하다. 이 사실은 지속적으로 성장하기를 원하는 기업에게 문젯거리다. 감미료가 이에 대한 해결책이었다. 다국적 기업은 일반적으로 사람에게 필요한 것보다 더 많은 양의 식품과 음료를 팔기 위한 수단으로 감미료를 사용했다. 그렇게 하면 일일 칼로리 한도를 넘지 않았기 때문이다.

다이어트 음료는 수백만 명의 사람들에게 심리적 대응 기제를 제공한다. 힘겨운 나날들 속에 잠깐씩 죄책감 없는 즐거움을 느끼는 순간이 끼어드는 것이다. 캐롤린 데 라 페냐는 역사학자가 되기 전에 미국의 대형 소프트드링크 업체에서 브랜딩 직무를 했다. 자신의 저서인 《공허한 기쁨》에서 설명하는 바에 따르면, 그녀에게 주어진 업무 중 하나는 "다이어트 브랜드 X의 충성 고객들"을 인터뷰하는 것이었는데, 그들은 대부분 일하는 여성들이었고 하루에 다이어트 탄산음료를 6~8캔 정도 섭취했다. 데 라 페냐는 그들이 모두 육아든 지루하고 급여가 낮은 직업에 대한 좌절이든, 각자의 일상에서 얼마나 지쳐 있는지에 대해 말하고 있다는 사실을 발견했다. 이 여성들은 "대체로 그들이 다이어트 X를 섭취하는 그 순간이 이러한 일상들과 구분된다고 설명했다. (중략) 세상의 다른 모든 것들이 그들을 잠시 홀로 있게 내버려 두는 잠깐의 그 순간은 그들이 죄책감 없이 즐길 수 있는 작은 '선물'이었다."

1977년에 FDA는 쥐에게 암을 유발한다는 것을 근거로
사카린을 금지하겠다고 경고했다. 당시 이 결정은 사카린의 열정적인
팬들로부터 전례 없던 편지 쓰기 캠페인을 촉발했다. 이들의 상당수는
(상업용 다이어트 프로그램인) 웨이트 워처스(Weight Watchers)의
회원들이었다. 수백만 명의 사람들이 사카린 금지에 반대한다며 FDA에
항의 서한을 보냈다. 이 편지들의 상당수는 사실상 '그것이 체중 감소에
도움이 되기만 한다면, 사카린이 설령 자신들에게 암을 유발한다 해도
신경 쓰지 않는다'고 하고 있었다. 인디애나의 에번즈빌(Evansville)에
사는 한 여성은 다음과 같이 보냈다. "사카린은 무조건 허용돼야
합니다. 그렇지 않으면 저는 죽을 겁니다." 그러면서 스스로를 "단 것에
미친 뚱뚱한 사람"이라고 묘사했다. 오하이오의 콜럼버스에 거주하는
또 다른 여성은 사카린이 암을 유발할 수 있다는 경고에 대해 다음과
같이 반응했다. "우리가 위험을 감수할 수 있게 해주세요."

그러나 WHO로부터 감미료가 "체중 조절의 수단"으로 권장되지
않는다는 새로운 이야기를 들은 뒤에도 과연 다이어트를 하는 사람
백만 명이 여전히 다이어트 음료를 마시면서 "위험을 감수"할까? 아마
아닐 것이다. 하지만 그러기 위해서는 우선 이 새로운 연구가 알려져야
한다. 비키 십슨은 WHO의 가이드라인 초안이 "게임 체인저"가 되기를
바랐다. 그러나 현재까지 그녀는 영국 정부가 "그것을 완전히 무시하고
있다"고 느꼈다. 세계의 다른 정부 대부분도 마찬가지다.

그럼에도 불구하고 단맛이 덜한 식단으로 전환하려는 작은
조짐들이 있다. 지난 몇 년 동안 소프트드링크 업계는 '셀처(seltzer)'
분야에 막대한 투자를 해왔다. 셀처는 향이 있지만 감미료는 전혀
넣지 않은 탄산수다. 펩시는 버블리(Bubly)라는 셀처를, 코카콜라는
아하(Aha)라는 셀처를 출시했다. 아니면 커다란 탄산수 한 잔에 약간의

과일 주스를 넣어서 적은 비용으로 자신이 직접 '저설탕' 탄산음료를
만들 수 있으며, 여기에 레몬이나 라임 한 조각을 넣을 수도 있다.
이것이 과연 코카콜라 제로나 다이어트 펩시와 똑같은 쾌감을
주는지와는 별개의 문제라도 말이다.

인간은 놀랍게도 입맛을 바꿀 수 있다. 설탕을 포기하고 차를
마시게 된 사람이라면 누구나 알 수 있다. 단맛에 대한 욕망을 줄일 수
있는 것이다. 차는 달콤해야 한다는 생각은 이제 더 이상 매력적이지
않다. 그러나 감미료를 거부하기란 더 어려운 일일지도 모른다.
왜냐하면 사람들이 다른 것을 참아 내는 대신 찾게 되는 것이 바로
또 다른 감미료이기 때문이다. 우리는 이 우울하고 불평등한 세상
속에서 별다른 대가를 치르지 않고 달콤함을 소비할 수 있다는 믿음에
사로잡혀 있다. 이 믿음은 인류가 끝까지 놓을 수 없는, 마지막 남은
달콤한 환상 중 하나다. ❶

시끌북적 사무실

(1)이연대 CEO : 봄이 옵니다.

(2)이다혜 에디터 : 여러분 다들 허리 펴세요!!! (저도 방금 폄)

(3)강경민 커뮤니티 매니저 : 숲에 등장한 새로운 캐릭터는 누구일까요?

(4)이주연 인턴 : 저의 마지막 스레드입니다! 앞으로는 독자로 만나요~!

(5)신아람 CCO : 2023년에는 북저널리즘이 여러분의 좋은 지도가 되어 드릴께요.

(6)김혜림 에디터 : 늦겨울에는 장편 서사시를 추천해요.

(7)정원진 에디터 : 겨울잠 휴가가 있다면. 좋겠다!

(8)김지연 리드 디자이너 : 롤휴지와 종이컵을 좋아해요. 강하지 않아도 실용적이니까요.

(9)권순문 디자이너 : 우리 커뮤니티 매니저는 입담이 참 좋다구요! 너무 웃겨~!

(10)홍성주 커뮤니티 매니저 : Woo woo woo woo ooh

(11)이현구 선임 에디터 : 이번 롱리드 읽고 흠칫한 사람 손.

(12)김민형 오퍼레이팅 매니저 : 다들 여기 보세요~~(찰칵!)